Axel Winterstein

Erfinder
in München

Axel Winterstein

Erfinder in München

Genies Querköpfe Tüftler

OLZOG

DIE DEUTSCHE BIBLIOTHEK - CIP-EINHEITSAUFNAHME

Winterstein, Axel :
Erfinder in München : Genies, Querköpfe, Tüftler / Axel Winterstein. - Landsberg am Lech : Olzog, 1997
ISBN 3-7892-9329-6

Bildnachweise:
Daimler-Benz Aerospace: S. 157, 163, 178; Deutsches Museum München: S. 13, 22, 25, 31, 37, 46, 49, 58, 61, 67, 78, 81, 89, 95, 107, 110, 116, 125, 128, 134, 140, 166, 172; IHK München: S. 143; Bilderdienst Süddeutscher Verlag: S. 101, 151; Privat: S. 184, 190.

ISBN 3-7892-9329-6

Internet: http://www.olzog.de

Umschlagentwurf: M. Gesierich, Augsburg
Umschlagfotos: Deutsches Museum München
Druck- und Bindearbeiten: Himmer, Augsburg
Printed in Germany

Inhalt

Vorwort

München - eine Metropole der Kunst. So stellt sich München dar. Weniger im Bewußtsein der Öffentlichkeit verankert ist, daß München seit langem auch stets eine Stadt der Technikpioniere war. Genies, Querköpfe und Tüftler stiegen von hier auf zu Weltruhm oder gerieten wieder in Vergessenheit. Sie waren Neuem auf der Spur und dies fast immer mit vehementer Leidenschaft: Erfinder und Konstrukteure.

Da gab es etwa jenen Alois Wolfmüller, der das erste Serienmotorrad der Welt herstellte und sich dazu als ein Flugpionier hervortat, dessen Name erst seit einigen Jahren in einem Atemzug mit dem von Otto Lilienthal genannt wird. Für Erstaunen sorgt auch stets aufs Neue, daß auf dem Alten Nordfriedhof Wilhelm Bauer beerdigt ist, der Erfinder des U-Bootes. In der Maxvorstadt hat er gelebt und ist er gestorben. Die dem Friedhof benachbarte Bauerstraße indes verdankt ihre Bezeichnung einem Münchner Bürgermeister.

Der „Münchner Stadtanzeiger" der „Süddeutschen Zeitung" stellte 1995/96 nach einer Idee von Ursula Kristen in einer Serie wichtige Münchner Erfinder vor: eine Parade herausragender Geister, erfolgreiche und tragische, geschäftstüchtige und wirtschaftlich unbeholfene, Eigenbrötler und solche, die souverän in der Öffentlichkeit repräsentierten und mit Kaisern und Königen umgingen.

Enthalten sind auch die eminent wichtigen Ideengeber: Ingenieure, die selbst nicht unbedingt zahlreiche Patente anmeldeten, die aber das dachten, was vor ihnen keiner dachte oder was andere nicht für realisierbar hielten und die dann Mitarbeiter zur Ausführung motivierten: Die Vor-Denker.

Und dann gibt es ein paar Größen der Technik-Geschichte, deren Ruhm oder Bekanntheit durchaus in Schulbuch-Wissen hineinragt, die aber oft nicht mit München in Zusammenhang gebracht werden. Junkers etwa wird mit Dessau assoziiert, aber im Münchner Telephonbuch steht eine halbe Spalte „Junkers".

Für dieses Buch wurde die Serie um zehn Technikpioniere erweitert. Einige Beiträge waren an anderer Stelle im „Münchner Stadtanzeiger" erschienen und sind überarbeitet.

Im Deutschen und im Europäischen Patentamt, beide in München, werden die großen und die kleinen Erfindungen registriert. Die wichtigsten davon können im Deutschen Museum mit relevanten Exponaten besichtigt werden.

Die meisten Patente werden freilich nie in die Praxis umgesetzt, etwa weil die Industrie an einem neuen Patent nicht interessiert ist, oder weil die Bedeutung einer Erfindung nicht erkannt wird oder weil die Erfindung nach dem derzeitigen Stand der Technik objektiv keinen Wert besitzt oder weil es die Erfindung bereits gibt, in zwei von fünf Fällen ist das der Fall.

Hinzu kommen viele Erfindungen, die gar nicht zum Patent angemeldet werden, etwa aus Furcht, durch eine frühzeitige Patentanmeldung Wettbewerbern allzu schnell Informationen zu verschaffen, oder - bei Privatleuten - aus Geldmangel.

Denn Patente gehen ins Geld: Die Gebühren in Deutschland betragen bis zu mehreren tausend, für den Geltungsbereich Europa mehrere zehntausend Mark. Und schon zuvor ist die Hinzuziehung eines Patentanwaltes empfehlenswert, um die Formulierung der Anmeldung möglichst „weit" und „wasserdicht" zu machen - sonst kann es passieren, daß schon die Verwendung einer anderen Schraube genügt, um die Anmeldung zu umgehen. Etwa ein Drittel aller Anmeldungen führt zu einer Erteilung. Nach 20 Jahren erlischt der Patentschutz.

Den vor Einfällen sprühenden Einzelkämpfer findet man heute durchaus noch, aber er ist die Ausnahme. Der typische Erfinder von heute sitzt in der Entwicklungsabteilung eines Großunternehmens, nur jeder zehnte arbeitet freiberuflich, und unter diesen Freiberuflern wiederum entwickeln viele Rentner vor sich hin, sie haben schließlich außer ihrem kreativen Kopf etwas sehr Kostbares: Zeit.

Was ein Erfinder ist, hat Konrad Zuse auf den Punkt gebracht, der 1936 in Berlin das erste programmgesteuerte Rechengerät baute: „Ein Erfinder muß immer ein spielender Mensch sein, aber einer, der das Spielen ernst nimmt".

Axel Winterstein, im Sommer 1997

Benjamin Graf Rumford

Schillernder Physiker und Sozialpolitiker

Unter den in München tätigen Erfindern war er eine der schillerndsten Figuren: Benjamin Thompson - vom bayerischen Kurfürsten Karl Theodor geadelt zum Reichsgrafen Rumford - war ein genialer Erfinder, überragender Organisator und großer Wohltäter. Aber er war unfähig, mit Menschen im persönlichen Verkehr auszukommen, so daß er sich überall Feinde machte: in Amerika, London, München, Paris und schließlich seinem letzten Wohnsitz Auteuil, wo er auf dem dortigen Friedhof begraben ist.

Ein schwieriger Mann

Rumford blieb trotz seiner epochalen Leistungen überall stets ein Fremder. Das lag nicht nur daran, daß seine Einrichtungen und Neuerungen oft ihrer Zeit weit voraus waren und deshalb nicht selten auf Unverständnis stießen, sondern es lag durchaus auch an seinem Charakter: Rumford war schwierig.

Zu seinen Negativleistungen gehört, daß er aus väterlicher Eifersucht und Herrschsucht zweimal Männer vergraulte, die seine Tochter heiraten wollten, darunter einen jungen Grafen aus dem Haus Thurn und Taxis, der später zu jenen 30.000 bayerischen Soldaten gehörte, die bei Napoleons Rußland-Feldzug umkamen. Und außerdem war Rumford in München der Grund für den berühmt-berüchtigten erzwungenen Kniefall des Münchner Magistrats 1791 vor einem leeren Thronsessel des Kurfürsten Karl Theodor in der Maxburg.

Für Karl Theodor, einen der unbeliebtesten bayerischen Herrscher, hatte Rumford zum 14. Juli 1790, also dem Jahrestag der Französischen Revolution, namens „anonymer“ Bürger eine öffentliche Dank- und Huldigungsadresse vorbereitet. „Dieses dem Hof schmeichelnde Unternehmen“, so Richard Bauers „Geschichte der Stadt München“, „hatte nur den kleinen Schönheitsfehler, daß die angeblichen Initiatoren vom (Münchner) Magistrat zu einer solchen Aktion in keiner Weise autorisiert waren."

Rumford hatte also die „anonymen" Bürger schlicht erfunden, und die sowieso schon seit längerem bestehenden Querelen zwischen dem Hof und dem Magistrat eskalierten daraufhin bis hin zu der aufsehenerregenden Demütigung. Kein Wunder, daß der Magistrat nun beim Kurfürsten so lange auf die Entfernung Rumfords drang, bis dieser 1798 entnervt den Amerikaner nach dessen 14jährigem Wirken in München entließ.

Benjamin Thompson wurde am 28. März 1753 in Massachusetts als Sohn eines Farmers geboren. Der Vater starb früh, den Stiefvater haßte er. So begann er bereits mit 13 Jahren eine Kaufmannslehre, um von der Farm wegzukommen und beseelt von dem Wunsch, sich „nie eine Gelegenheit zum Aufstieg entgehen zu lassen".

Segen der Liebe

Die Gelegenheit ergab sich, als er mit 19, inzwischen als Dorfschullehrer tätig, von einem Pastor in ein Städtchen namens Concord, das früher Rumford hieß, gerufen wurde. Dort sollte er beim Aufbau einer Schule helfen. Der Pfarrer war zum einen vermögend und hatte zum anderen eine verwitwete, 33jährige Tochter namens Sarah.

Der junge Thompson sah ungewöhnlich gut aus und legte tadellose Manieren an den Tag. „Es war Liebe auf den ersten Blick, was Thompson und Sarah zusammenführte - zumindest bei Sarah", so Egon Larsen in seiner „Graf Rumford"-Biographie. Man heiratete, und da Sarah mit dem britischen Gouverneur verwandt war, öffneten sich mit einem Mal alle gesellschaftlichen Türen für den kleinen Lehrer und Farmerssohn.

Dank der Protektion des Gouverneurs erhielt Thompson eine Majorsstelle in einem britischen Regiment, mußte damit aber seine Heimat verlassen, als im amerikanischen Unabhängigkeitskrieg die besiegten Engländer ihre Kolonie aufzugeben hatten. Die lange Überfahrt nützte er für einen Bericht über die Vorkommnisse und Verhältnisse in Neuengland, überreichte ihn in London dem Au-

BENJAMIN GRAF RUMFORD: Der Farmerssohn aus Massachusetts legte in München den Englischen Garten an - die Bevölkerung wußte die neue Einrichtung zunächst jedoch überhaupt nicht zu schätzen. Auch sonst verstand es der Physiker mit dem schwierigen Charakter, sich überall Feinde zu schaffen: der Münchner Magistrat hatte ihm 1790 eine schwere Demütigung zu verdanken.

ßenminister (der mit diesen Kenntnissen vor dem Parlament glänzen konnte) und wurde dafür als Staatssekretär angestellt.

Forscher-Lorbeeren

In London begann Rumford die lange Reihe seiner Versuche, die ihn als experimentellen Physiker berühmt machten: Er untersuchte die Kohäsionskraft verschiedener Stoffe und unternahm Versuche, „um die bestmögliche Stellung des Zündlochs bei Schußwaffen experimentell zu ermitteln, die Geschwindigkeit der Kugeln und den Rückstoß unter verschiedenen Umständen zu bestimmen sowie die Geschwindigkeit der Explosion des Pulvers und seine Kraft zu messen".

Aufgrund der Kohäsion-Experimente wurde Rumford - mit 26 - im Jahr 1779 Mitglied der renommierten Royal Society. Bei einem späteren England-Aufenthalt konstruierte er seinen berühmten Rumford-Stove, der gegenüber den damals üblichen offenen Kaminen durch eine bessere Führung der Feuerungsluft und der Rauchgase eine Energieersparnis von 50 Prozent und vor allem eine größere Heizleistung aufwies.

Gleichwohl fühlte sich Thompson immer noch mehr als Militär denn als Physiker, und so zog es ihn nach Wien in den nächsten Krieg, den gegen die Türken. Auf dem Weg dorthin traf er in Straßburg per Zufall den Herzog Maximilian Joseph von Zweibrücken, damals Offizier im Dienst Frankreichs und ab 1806 erster bayerischer König. Man kam ins Gespräch von Offizier zu Offizier, man schwärmte von den jeweils erlebten Kriegen in Amerika und Europa, und als Ergebnis gab Max Joseph dem jungen Amerikaner eine Empfehlung an seinen Onkel in München mit, den Kurfürsten Karl Theodor.

In München war Thompson sofort begeistert „von der freimütigen Herzlichkeit, die ein so hervorragendes Merkmal des bayerischen Volkes ist" und erhielt von Karl Theodor den Auftrag, Mißstände aufzudecken und zu beseitigen, was von einem Fremden und Außenstehenden eher erhofft wurde als von einem betriebsblinden Einheimischen. Mit die größten Mißstände waren der desolate Zustand des bayerischen 18.000-Mann-Heeres und das Bettlerunwesen in den Städten.

Rumford, zum Polizeiminister, Kriegsminister, Generalmajor und Staatsrat ernannt, verordnete jedem Soldat - die meisten waren sowieso Bauernsöhne - die Anlage und Bebauung eines Gartens. Das machte die Soldaten zu Selbstversorgern sowie mit neuen Methoden der Bodenbearbeitung bekannt. Außerdem wurde ihre Ernährung vielseitiger und vollwertiger, vor allem durch die von Rumford in Bayern neu eingeführte Kartoffel. Die Münchner Militärgärten befanden sich nördlich des Hofgartens zwischen der heutigen Prinzregentenstraße und der Veterinärstraße.

Als weitere Beschäftigungstherapie ließ Rumford 1789 die Hirschau nördlich der Veterinärstraße, bis dahin ein Jagdrevier des Hofes, mit Hilfe des Mannheimer Landschaftsarchitekten Ludwig von Sckell zu einem Park kultivieren. Dieser Theodorpark erhielt bald den Namen Englischer Garten, doch die Münchner wußten die neue Einrichtung zunächst überhaupt nicht zu würdigen: Spazierengehen, zumal in einem weitläufigen Park, war gerade nicht in Mode.

Die Münchner Bettler, als Zunft organisiert und 2.600 an der Zahl bei 38.000 Einwohnern, wurden bei einer großen Razzia am 1. Januar 1790 vorübergehend festgehalten und entsprechend ihrer körperlichen Verfassung entweder für eine durch Rumford neu eingerichtete militärische „Beschäftigungsanstalt" in der Au oder für die öffentliche Armenversorgung vorgemerkt. Auf dem Giebel des Arbeitshauses in einem ehemaligen Paulanerkloster befand sich die programmatische Inschrift: „Hier wird kein Almosen gegeben".

Im Arbeitshaus gab es handwerkliche Werkstätten sowie eine Serienfertigung von Textilien, insbesondere von Uniformen für das bayerische Heer. Verköstigt wurden die neuen Arbeiter u. a. mit der berühmten Rumford-Suppe aus Kartoffeln, Graupen, Erbsen, Brotschnitten, sauer gewordenem Bier und Wasser. Die Suppe verhalf auch der durch Spenden der Bürger finanzierten Armenversorgung zum Namen: Die „Rumforder Suppenanstalten" existierten in München bis weit ins 19. Jahrhundert hinein. Ein weiteres interessantes Ergebnis von Rumfords Sozialpolitik war die Erfindung des Küchenherdes mit geschlossenen Feuerungen und einer Gußplatte mit genormten Löchern für das Arbeitshaus.

Überhaupt stellte die Wärmetechnik Rumfords Lieblingsforschungsgebiet dar. Durch Experimente beim Bohren von Geschützrohren in einer von ihm gegründeten Münchner Kanonengießerei fand er heraus, daß Wärme eine Bewegung der Moleküle eines Körpers ist. Die bis dahin bestehende Theorie besagte, daß jeder Körper eine gewisse Wärmemenge in Form des elastischen „Wärmestoffs" Phlogiston enthalte.

Nach seiner Ausweisung aus München pendelte Rumford noch einige Jahre zwischen London, Paris und München, bis er sich 1803 endgültig in Paris niederließ, wo er mit Napoleons Erlaubnis seine bayerische Pension verzehrte.

In der Maximilianstraße zu München steht seit 1867 sein monumentales Denkmal, entworfen vom Bildhauer Kaspar Clemens von Zumbusch (1830 -1915), der auch das Bronzedenkmal von König Max II. Joseph in München schuf. Gegossen wurde die Rumford-Statue von Ferdinand von Miller und bezahlt von König Max II. Joseph.

Joseph Ritter von Baader

Eisenbahn im Lustgarten

Im Jahr 1826 fuhr in Bayern die erste Eisenbahn - lange bevor der legendäre „Adler“ erstmals von Nürnberg nach Fürth dampfte. Das Ereignis fand an einem für Technik ganz und gar ungewöhnlichen Ort statt: Im königlichen „Lustgarten“ zu Nymphenburg, bei der ehemaligen Menagerie, die es als Gebäude nach wie vor gibt. Sogar die Schienenanlagen bestanden so lange, daß sie Adalbert Prinz von Bayern noch in seinem 1949 erschienenen Buch „Nymphenburg und seine Bewohner“ erwähnt.

Die Eisenbahnfahrt war eine Demonstration, durchgeführt von einem heute fast vergessenen Technik-Pionier: dem Oberst-Bergrat Joseph von Baader, dem älteren Bruder des katholischen Theologen und Philosophen Franz Xaver von Baader (1765 - 1841). Sie sollte der spektakuläre Höhepunkt von Baaders jahrelang betriebener Propagierung von Eisenbahnen als einem neuen, nationalen Verkehrssystem in Bayern sein.

Baader wurde am 30. September 1763 in München als Sohn des kurfürstlichen Leibarztes Joseph Franz von Baader geboren. Zunächst wollte er den väterlichen Beruf erlernen und studierte an der Universität Wien. Entscheidend für seinen weiteren Werdegang wurde ein Wechsel 1786 an die Universität von Edinburgh. Er belegte dort Chemie, Physik und Mathematik, beendete sein Medizinstudium, interessierte sich aber zugleich immer mehr auch für britische Technik, die seinerzeit führend in Europa war: für Maschinen sowie für das Bergbau- und Hüttenwesen.

Dabei lernte er in den Bergwerken Kohlenwagen kennen, die auf eisernen Schienen liefen und von Pferden gezogen wurden. „In verbesserter Form“, so eine Darstellung von „Unser Bayern“ in der „Bayerischen Staatszeitung“, „wollte er solche Bahnen auch in seiner Heimat für Handel und Gewerbe nutzbar machen“.

Auch eine erste Erfindung tätigte Baader in England: ein Gebläse, wie es in Hüttenwerken verwendet wird. Es optimierte den Schmelzvorgang von Metallen. Außerdem lernte Baader in England u. a. James Watt (1736 - 1819) kennen, der 1765 die erste brauchbare Dampfmaschine entwickelt hatte. Mit diesen Vorkenntnissen gelang es Baader, nach seiner Rückkehr nach München im Jahr 1794 eine Anstellung im „Oberst-Münz- und Bergmeisteramt für Baiern und die Oberpfalz" zu erhalten. Er war für das Maschinenwesen zuständig.

Leiter dieser in den nächsten Jahren mehrmals umbenannten Verwaltung des bayerischen Bergbaus war von 1804 bis 1806 Franz Xaver von Baader. Als 1807 das Salinenwesen vom übrigen Bergbau abgetrennt wurde, wurde Joseph von Baader als „Salinenrath" dieser Behörde zugeteilt. 1808 stieg er zum Geheimen Rat und bis zu seiner Pensionierung 1820 noch bis zum Oberst-Bergrat auf, war aber zuletzt nurmehr für das „Brunnenwesen", also Wasserbauten, zuständig. Außerdem bekleidete er seit 1807 den Posten eines „Conservators" in der Kgl. Akademie der Wissenschaften.

Das „Baadersche Gebläse"

Bekannt in der Fachwelt wurde er, als er 1798/99 eine abgebrannte Schmelzhütte in Weyerhammer in der Oberpfalz ganz modern, nämlich mit seinem „Baaderschen Gebläse", wieder aufbauen ließ. Die Schmelzhütte hatte, wie üblich, ein Wasserrad, sodaß Baader schon damals mit Wasserkraft-Technik befaßt war. Und zwei Wasserbauten von ihm sind bis heute erhalten geblieben. Sie liegen beide im Nymphenburger Schloßpark, im „Dörfchen" links vom Schloß. Zwei Tafeln an den Baulichkeiten geben Auskunft:

„Grünes Brunnhaus: 1720 von Joseph Effner erbaut. Derzeitige Pumpenanlagen von Josef v. Baader 1803 eingerichtet. Die Maschinenanlagen sind die ältesten in Metall ausgeführten Pumpanlagen in der Bundesrepublik Deutschland. Sie betreiben die Fontäne des inneren Parterres".

„Hirschgarten-Brunnhaus: Von Joseph Effner erbaut. Pumpen 1817 von J. v. Baader eingerichtet. Die Pumpen dienen der Trinkwasserversorgung des gesamten Schlosses".

Die Pumpen im Hirschgarten-Brunnhaus sind stillgelegt.

Auch ließ Baader Gradierwerke in den bayerischen Salinen erneuern und verbessern und machte Vorschläge für eine neue Konstruktion von Brücken: aus Eisen. Sie seien „stärker, eleganter und um zwei Drittel wohlfeiler“ als steinerne Brücken. Und besser als Holzbrücken seien Eisenbrücken sowieso.

Mit dieser Idee von eisernen Brücken war Baader allerdings seiner Zeit voraus. Sein Gesuch um 500 Gulden für den Bau eines Modells zum Beweis der Tragfähigkeit wurde 1813 vom Finanzministerium abschlägig beschieden.

Ebenfalls eher in die Zukunft weisend war eine spätere Baadersche Erfindung: eine Dampfdreschmaschine. Ein Modell davon führte er im Februar 1821 einer Expertenkommission vor - ebenfalls schon im Nymphenburger Schloßpark. Die Kommission bekundete, daß sie sich „von der einfachen und wohlfeilen Konstruktion dieser Maschine sowie von ihrer vorteilhaften Wirkung überzeugt“ habe. Sie glaube daher, daß „die Anwendung derselben...von den wichtigsten und wohltätigsten Folgen insbesondere für die Landwirte werden könne“. Zu einer Produktion ist es aber offenbar nicht gekommen.

Sein Engagement für die Eisenbahn begann Baader 1807. Er wies schon damals auf die Vorteile von Verkehrssystemen auf Schienen hin, nachdem Richard Trevithick in England zuvor die erste Dampflokomotive der Welt gebaut hatte. „Sie zog am 21. Februar 1804“, so ein Führer des „Verkehrsmuseum Nürnberg“, „den ersten Zug mit Lokomotivbespannung auf der Tramroad von Pen-y-darran mit fünf Wagen, 70 Menschen und zehn Tonnen Eisen“. 1814 baute dann George Stevenson in England seine erste Lokomotive, zunächst für den Einsatz bei Grubenbahnen.

In mehreren Denkschriften von 1812, 1814 und 1822 konkretisierte Baader seine Vorstellungen über eine „Einführung der eisernen Kunststraßen im Königreich Bayern“. Er wies auf die wirtschaftlichen Vorteile hin und machte schon Streckenvorschläge, u. a. eine Linie von Regensburg über Nürnberg nach Kitzingen, also von der Donau an den Main, sowie von Ried in Österreich über München und Memmingen nach Lindau.

Die Realisierung blieb Baader aber versagt, weil er technisch nicht initiativ wurde, sondern stets nur auf Entwicklungen in

England reagierte und weil es ihm nicht gelang, private Geldgeber für seine Ideen zu gewinnen.

Zudem reagierte er bei Rückschlägen schnell mit „gereizter Empfindlichkeit“, wie er selbst einmal schrieb, er sah sich von „Feinden“ umgeben, die „Kabalen“ gegen ihn schmiedeten, und er fühlte sich „unverdientermaßen zurückgesetzt und mißhandelt“.

Vor allem mit dem bekannten Erfinder und Unternehmer Georg von Reichenbach lieferte er sich eine jahrelange Fehde. Er warf Reichenbach „unersättlichen Ehrgeiz und gränzenlose Eifersucht“ vor.

Daß er diese Beschwerden und Vorwürfe auch in Briefen an den König - zunächst Max I. Joseph, dann Ludwig I. - vorbrachte, machte ihn nicht beliebter und diente nicht seinen Projekten.

„Pferde oder Proletairs”

Reichenbach hatte sich ebenfalls über die Eisenbahn Gedanken gemacht und 1816 laut einem Bericht des Münchner „Anzeiger für Kunst- und Gewerbefleiß im Königreich Bayern“ eine „trag- und fahrbare Dampfmaschine“ angekündigt. „Nächstens“ wolle der Erfinder auf dieser „Post-Dampf-Chaise“ von München nach Wien reisen, hieß es. Allerdings blieb es bei der Ankündigung, die Zeit war noch nicht reif.

Baader sah als Antrieb für die Eisenbahn zunächst nicht eine fahrbare Dampfmaschine, sondern „Pferde oder sonst beschäftigungslose Proletairs“ vor, eine damals „billige Arbeitskraft“. Er war der Ansicht, auf Räder gestellte Dampfmaschinen - Lokomotiven - seien so schwer, daß man sowieso noch Pferde davorspannen müßte, damit der Zug nicht schon bei der kleinsten Steigung zum Stehen kam.

Stevenson jedoch ließ seine Züge an Steigungen nicht durch Pferde, sondern durch „fixierte Maschinen“ hochziehen. Unter dem Eindruck von Stevensons erster Bahnlinie 1825 von Stockton nach Darlington (mit Stevenson als Lokführer) erkannte dann auch Baader die Zukunft der Lokomotive und bezeichnete Pferde nun sogar „als Raubtiere, die den Menschen verdrängen“, nämlich Ackerbaufläche für menschliche Nahrung wegnähmen.

Bei seiner Demonstrationsfahrt am 18. April 1826 im Nymphenburger Schloßpark mußte er sich freilich mit einem Pferd begnügen, weil es in Bayern noch keine Lokomotive gab, er hätte eine bei Stevenson kaufen müssen, doch dafür hatte er nicht genug Geld.

Die 8000 Gulden, die er bei König Ludwig I. locker gemacht hatte, reichten gerade für 1200 Fuß Geleise sowie eine Bahn in „natürlicher Größe“. Eine Lokomotive hätte allein 10 000 Gulden gekostet. Zu dem Ereignis waren König Ludwig I. mit seinen beiden ältesten Kindern, Minister Graf Armansperg, der omnipräsente Leo von Klenze sowie zahlreiche „Frauen als Zuschauerinnen“ erschienen - der König sah stets gern schöne Damen um sich.

Die Eisenbahn wurde als „Baadersches Fuhrwerk“ geschildert: eine auf Eisenräder gestellte Kutsche. Der Eindruck der Vorführung war mäßig. Denn im Januar 1827 schrieb der König sinngemäß an Baader, er könne ruhig weiter experimentieren, aber Geld gebe es keines mehr. Damit gehörten Baaders Eisenbahnpläne der Geschichte an.

Geld brauchte Ludwig für ein ganz anderes Verkehrsprojekt. In der Bauherren-Nachfolge keines geringeren als Karls des Großen sah er sich als Vollender von dessen *fossa carolina*, einer Kanalverbindung zwischen Donau und Main. 1825 begannen die Trassierungsarbeiten für den „Ludwig-Kanal“ zwischen Bamberg und Kelheim, 1846 war er fertig und bis 1950 (!) in Betrieb - mit 18 Millionen Gulden Ludwigs mit Abstand teuerstes Bauwerk.

Den Triumph der Eisenbahn mit der ersten deutschen Passagierfahrt am 7. Dezember 1835 zwischen Nürnberg und Fürth erlebte Joseph von Baader nicht mehr. Weniger Tage zuvor, am 20. November 1835, war er gestorben. Die Bahn war komplett privat finanziert, der bayerische Staat beteiligte sich mit ganzen zwei Aktien.

JOSEPH VON BAADER war als „Maschinen-Baader" eine bekannte Erscheinung im München des angehenden 19. Jahrhunderts. Jahrelang versuchte er, zwei bayerische Könige sowie deren Minister für den Bau von Eisenbahnstrecken zu gewinnen - was aufzeigte, daß auch eine so vorteilhafte Technik wie die Eisenbahn ihre Zeit bis zur Einführung brauchte. Nürnberger Privatleute wurden schließlich initiativ, um endlich den starken Verkehr zwischen Nürnberg und Fürth von der Straße auf die Schiene zu bringen.

Aloys Senefelder

Er machte Druck für die chemische Lithographie

Glasschliff, Kurzschrift und Steindruck gelten, so der Historiker Benno Hubensteiner, als die „drei Großtaten" der Münchner Erfinder, von München aus nahmen sie ihren Weg um die Welt und mit ihnen die Namen hinter den Erfindungen: Fraunhofer, Gabelsberger und Aloys Senefelder. Steindruck: Die bis dahin gebräuchlichen Drucktechniken - Buchdruck und Holzschnitt - waren Hochdruckverfahren. Daneben gab es als Tiefdruck den Kupferstich, der damals aber nur für Abbildungen in Frage kam. „Beim Steindruck", so Roland Gööck in „Die großen Erfindungen", „aus dem später der Offsetdruck hervorging, handelt es sich um ein Flachdruckverfahren - um das erste, älteste und wichtigste. Sein Geheimnis sind nicht mechanische, sondern chemische Vorgänge".

Seit 1785 hatte sich auch der Miesbacher Pfarrer Simon Schmid (1760-1840) schon mit Steindruck beschäftigt, aber er arbeitete mit dem Holzschnitt nachgebildeten Steindruckstöcken. Senefelder war somit der Erfinder der chemischen Lithographie (griechisch = „Steinzeichnung"), und sie hat, so ein Katalog über eine Ausstellung zu seinem 200. Geburtstag im Deutschen Museum, „der Druckkunst auf vielen Gebieten neue Wege gewiesen".

Steindruck eignet sich besonders gut für die Reproduktion von Zeichnungen und Gemälden sowie für den Druck von Landkarten und Musiknoten. Auch konnten im 19. Jahrhundert durch die Lithographie Originalhandschriften, Kursiv- und Druckschriften, überhaupt Schriftschnörkel, Verzierungen sowie eine Kombination verschiedener Schrifttypen auf Titelblättern viel leichter auf die Steinplatte gebracht und rascher gedruckt werden als durch andere Druckverfahren; so wurde Franz Xaver Gabelsbergers Kurzschrift-Anleitung 1834 erstmals im Steindruck publiziert, und noch heute macht die Künstlerlithographie einen Hauptbestandteil der graphischen Kunst aus, die sich nach und nach als Schwerpunkt des neuen Verfahrens herausbildete.

Zu schön, um wahr zu sein

Die Biographie des Aloys Senefelder ist an sich zu schön, um wahr zu sein: der Schauspieler und mäßig erfolgreiche Stückeschreiber, der zu arm war, um den Druck seiner Stücke zu bezahlen und der sich dann „sein“ Druckverfahren selbst erfand. Doch die Technik war jungfräulich gegen Ende des 18. Jahrhunderts, und es brauchte für Bahnbrechendes noch keinen großen Aufwand, sondern nur eines im Wortsinn findigen Geistes.

Do it yourself

Senefelders Vater war ein aus dem Fränkischen stammender Schauspieler, der gerade in Prag gastierte, als dort am 6. November 1771 Aloys als erstes von neun Kindern geboren wurde. 1778 kam Peter Senefelder zur Münchner Hofbühne. Aloys sollte offenbar etwas „Ordentliches“ werden; denn nach dem Besuch des Gymnasiums in München studierte er in Ingolstadt Jura, mußte das Studium aber mit 22 nach dem Tod des Vaters abbrechen, weil er nun mittellos dastand. Er wurde ebenfalls Schauspieler und versuchte sich außerdem als Stückeschreiber. Sein Lustspiel „Die Mädchenkenner“ kam 1792 sogar in München auf die Bühne.

Als der Text eines weiteren Schauspiels durch das Verschulden eines Druckers nicht rechtzeitig geliefert wurde und dem Jungautor dadurch ein Verlust von 100 Gulden entstand, reifte in Senefelder die Idee, ein preiswertes Verfahren zu entwickeln, um seine Werke selbst zu vervielfältigen. Durch privates Interesse für Chemie, Physik und Mechanik war er ein wenig vorgebildet, und so begann er zu experimentieren, lange ohne Erfolg. Dann fiel ihm eine glatte Kalksteinplatte aus Painten bei Kelheim in die Hände, die er eigentlich nur zum Farbeanreiben hatte verwenden wollen. Plattenkalk, den Senefelder später auch aus Solnhofen im Altmühltal bezog, war billiger und einfacher zu verarbeiten als Kupferblech.

ALOYS SENEFELDER, der Schauspieler und mäßig erfolgreiche Stükkeschreiber, der zu arm war, um den Druck seiner Stücke zu bezahlen und der sich dann „sein" Druckverfahren selbst erfand.

Er probierte nun mit Kalkplatten herum, bis ihm - etwa um die Jahreswende 1797/98 - ein Zufall zu Hilfe kam. In seinem „Vollständigen Lehrbuch der Steindruckerey“ von 1827 schrieb er: „Ich hatte eben eine Steinplatte sauber abgeschliffen, um sie nachher wieder mit Ätzgrund zu überziehen, . . . als meine Mutter von mir einen Waschzettel geschrieben haben wollte. Die Wäscherin wartete schon auf die Wäsche, es fand sich aber nicht gleich ein Stückchen Papier zur Hand; mein eigener Vorrat war durch Probedrucke zufällig eben zu Ende gegangen, auch die gewöhnliche Schreibtinte war eingetrocknet, und . . . so besann ich mich nicht lange und schrieb den Waschzettel einstweilen mit meiner vorrätigen, aus Wachs, Seife und Kienruß bestehenden Steintinte auf die abgeschliffene Steinplatte hin, um ihn, wenn frisches Papier geholt sein würde, wieder abzuschreiben.“

„Als ich nachher diese Schrift vom Stein wieder abwischen wollte, kam mir der Gedanke, was denn aus so einer mit dieser Wachstinte auf Stein geschriebenen Schrift werden würde, wenn ich die Platte mit Scheidewasser ätzte, und ob sie sich nicht der Art der Buchdrucklettern oder Holzschnitte einschwärzen und abdrucken ließe.“

Gööck: „Senefelder ätzte mit Salpetersäure und wusch die Platte ab. Die Buchstaben erhoben sich nun in Kartenblattdicke über den eingeätzten Stellen. Er schwärzte die Platte ein. Nicht nur die Buchstaben, sondern auch die Zwischenräume nahmen Farbe an. Senefelder reinigte die Platte mit Seifenwasser. Nun nahmen die Zwischenräume keine Farbe mehr an - nur die Buchstaben glänzten schwarz.“ Es war ein Verfahren, das auf dem Prinzip der Abstoßung von Fett (das in der Steintinte enthalten war) und Wasser basierte. Die Druckversuche fielen vielversprechend aus. Als erstes vervielfältigte Senefelder Notenblätter eines Freundes, des Hofkomponisten Franz Gleißner, der auch das Geld für die Konstruktion der ersten hölzernen Steindruckpresse bereitstellte, einer sogenannten Stangenpresse. Sie steht heute im Deutschen Museum.

In der Folgezeit entwickelte Senefelder fast alle Verfahren, die im Zusammenhang mit dem Steindruck interessant sind. Er übertrug Feder- und Kreidezeichnungen auf den Stein, erfand den lithographischen Mehrfarbendruck und 1826 den Druck von Ölgemälde-Reproduktionen.

Geizige Akademie

Die Kunde von dem neuen Verfahren drang bis zum Kurfürst Karl Theodor vor. Der spendete 100 Gulden, und 1799 wurde auch ein Privileg (Patent) ausgestellt. Doch die Akademie der Wissenschaften, die Senefelder über sein Verfahren unterrichtete, gewährte ihm nur ein Honorar von zwölf Gulden, so daß er nach wie vor zuwenig Geld für eine „richtige" Druckerei besaß. Deswegen nahm er das Angebot eines Offenbacher Musikverlegers namens Johann A. André an, und so entstand Senefelders erste lithographische Anstalt nicht in München, sondern in Offenbach am Main.

Weitere Zwischenspiele außerhalb Münchens folgten in Wien und Linz, ehe Senefelder 1806 nach München zurückkehrte, alarmiert durch die Nachricht, daß zwei in Geldnot geratene Brüder sein Patent in seiner Abwesenheit widerrechtlich verkauft hatten.

Auch der Unternehmer Josef von Utzschneider hatte Senefelders Steindruck für das Katasteramt widerrechtlich in Dienst gestellt. Darauf beschwerte sich Senefelder bei König Max I. Joseph, der ihn sowie Gleißner 1809 auf Lebenszeit als königliche Inspektoren der Lithographie anstellte - bei einem jährlichen (guten) Gehalt von 1.500 Gulden. Außerdem wurde Senefelder Direktor der bayerischen Landkartendruckerei. Im dortigen Laboratorium setzte er seine Versuche unermüdlich fort, sehr zum Leidwesen seiner Frau, die beklagte, daß er „von Früh Morgens bis Abends in der Druckerey (sitzt) und schmiert und druckt".

Senefelder erlebte noch seinen Ruhm. Auszeichnungen und Ehrungen kamen von allen Seiten, so auch eine goldene Medaille von der Akademie der Wissenschaften und von zahlreichen ausländischen wissenschaftlichen Organisationen sowie Brillantringe vom König von Sachsen und vom russischen Zaren.

Seinen Lebensabend verlebte Senefelder in einem eigenen Haus, Sendlinger-Tor-Platz 5, das aber 1979 abgebrochen wurde. „Diese Handlung ist nicht zu verzeihen", hieß es damals in einem Leserbrief an die „Süddeutsche Zeitung". Immerhin wurde am Neubau wieder die 1871 enthüllte Erinnerungstafel angebracht.

Am 26. Februar 1834 starb Senefelder an den Folgen eines Schlaganfalls. „Lang ist die Kunst, aber nur kurz ist das Leben", hatte er ein paar Wochen zuvor gesagt. König Ludwig I. ließ dem verehrten Toten auf dem Alten Südlichen Friedhof durch Leo von Klenze ein Grabmal errichten. 1971, zu Senefelders 200. Geburtstag, wurde es renoviert. Eine Büste von Senefelder steht auf einem Grünstreifen in der Marsstraße vor der Akademie für das Graphische Gewerbe.

Seine Witwe hinterließ 1857 nach ihrem Tod 56.000 Gulden, die in eine Senefelder-Stiftung eingebracht wurden und für wohltätige Zwecke bestimmt waren.

Joseph von Fraunhofer

Er behielt das Sonnenspektrum im Auge

Er war ein Erfinder, bei dem sich überragendes handwerklich-instrumentelles Talent mit wissenschaftlichem Spürsinn vereinte, ein Neugieriger, der sowohl Grundlagenforschung als auch angewandte Forschung betrieb, ein Unternehmer von internationalem Rang, ein Vordenker und Wegbahner moderner industrieller Technik: Joseph von Fraunhofer, ein zart gebauter Mann mit schmalem Gesicht, intelligent blickenden Augen und kühn vorspringender Nase, von zurückhaltender und sympathischer Art, zu Weltruhm aufgestiegen aus einfach-bürgerlichen Verhältnissen.

Die größte Organisation für angewandte Forschung in Europa, die 1949 gegründete Fraunhofer-Gesellschaft (46 Institute, 8.000 Mitarbeiter), ist nach ihm benannt, und zu seinem 200. Geburtstag 1987 ehrte ihn die Deutsche Bundespost mit einer Sonderbriefmarke, die seine wichtigste Entdeckung zeigte: Die Absorptionslinien im Sonnenspektrum, die Fraunhoferschen Linien.

Fraunhofer wurde am 6. März 1787 als elftes und letztes Kind des Glasermeisters Franz Xaver Fraunhofer in Straubing geboren, dem Zentrum des Gäubodens, der bayerischen Kornkammer. Das Geburtshaus, gegenüber dem 18. Jahrhundert kaum verändert, liegt in unmittelbarer Nähe des Stadtplatzes, was auf einen gewissen Wohlstand des Vaters schließen läßt. Allerdings starb der Vater, als Joseph gerade elf Jahre alt war; die Mutter hatte er schon ein Jahr zuvor verloren.

Einer seiner Vormünder war Drechsler, weswegen der Bub eine Drechslerlehre begann, für die er sich aber als zu schwach erwies, so daß er den väterlichen Beruf wählte und 1799 zu einem Glasermeister in München geschickt wurde, einem Philipp Anton Weichselberger.

Ebenfalls 1799 siedelte der aus einer Zweibrückener Zweiglinie der Wittelsbacher stammende neue Kurfürst Max IV. Joseph

(1756-1825) von Mannheim nach München um. 1806 wurde er von Napoleons Gnaden als Max I. Joseph erster bayerischer König.

Weichselberger war ein Handwerker in seiner Beschränkung: Er verbat dem elfjährigen „Seppl“ nicht nur den obligatorischen Besuch der Feiertagsschule, sondern auch das Lesen. Für einen Handwerkslehrling sei das Zeitverschwendung.

Doch dann veränderte ein außerordentliches Ereignis das Leben des Lehrbuben auf dramatische Weise: Am 21. Juli 1801 stürzten im Münchner Thiereckgäßl zwei Häuser ein, darunter das von Weichselberger gemietete. Der unter den Trümmern begrabene „Lehrjung“ wurde nach vierstündiger Arbeit unverletzt geborgen. Eine Tafel am heutigen Haus Weinstraße 3 erinnert an das spektakuläre Unglück.

Glück im Unglück

Nicht nur der wundersamen Rettung wegen war der „Glaserbub“ mit einem Male stadtbekannt. Vielmehr waren auch der Kurfürst sowie der in Rieden am Staffelsee als Sohn eines Pferdehändlers geborene Staatsbeamte und Unternehmer Joseph Utzschneider (1763-1840) an den Unglücksort geeilt. Vom Kurfürsten erhielt Fraunhofer acht Karolinen (= 88 Gulden) sowie die Zusage seiner väterlichen Protektion; Utzschneider wurde später Fraunhofers Dienstherr, Förderer, Geschäftspartner und Freund.

Nach der öffentlichen Auszeichnung durch den Kurfürsten konnte Weichselberger den Lehrbub nun nicht mehr vom Besuch der Feiertagsschule abhalten (rund 50 kirchliche Feiertage gab es damals in Bayern).

Außerdem weihte der Handwerksmeister Joseph Niggl den wißbegierigen Buben in die für Fraunhofers weitere Entwicklung wichtige handwerkliche Kunst des Linsenschleifens ein. Niggl war Brillen- und Instrumentenbauer und lieferte unter anderem an Goethe einen Polarisationsapparat für dessen Farbstudien.

JOSEPH VON FRAUNHOFER, der große Wegbereiter und Vordenker moderner Forschung und Technik, der aus bescheidenen Verhältnissen kam und zu Weltberühmtheit aufstieg.

In der „Fabrik“

Ein weiterer Förderer Fraunhofers wurde der Benediktinerpater Ulrich Schiegg (1752-1810), ein Bauernsohn aus Württemberg, der es zum Professor für Physik und Astronomie brachte und 1784 in Ottobeuren den ersten Heißluftballon in Deutschland aufsteigen ließ. Er empfahl den schüchternen jungen Mann in die geodätische Werkstatt des aus Durlach stammenden Erfinders und Konstrukteurs Georg von Reichenbach (1772-1826). Die Werkstatt war 1802 am Westermühlbach zwischen Westenrieder- und Frauenstraße gegründet worden, und wenig später trat ihr Utzschneider als Geldgeber bei.

Als sich Fraunhofer 1806 in der „Fabrik“, wie damals auch größere Handwerksbetriebe genannt wurden, vorstellte, soll Reichenbach gesagt haben: „Das ist der Mann, den wir suchen.“

„Reichenbach“, so Carl R. Preyss in seiner „Joseph von Fraunhofer“- Monographie, „revolutionierte den geodätischen Instrumentenbau, indem er die Geräte genauer, kleiner, leichter und handlicher machte.“ Reichenbachs berühmteste Erfindung war eine heute im Deutschen Museum bewahrte „Teilmaschine“, mit der Winkelmeßkreise mit der damals sensationellen Genauigkeit von plusminus 0,3251 Winkelsekunden skaliert werden konnten.

Der Historiker Franz Schnabel hat Reichenbach den „Bahnbrecher des Maschinenzeitalters in Deutschland“ genannt, und von der später von Fraunhofer geführten optischen Werkstätte habe „der technisch-wissenschaftliche Geist in Deutschland seinen Ausgang genommen“.

Der Perfektionist

Fraunhofers Aufgabe in der Werkstatt war die Verbesserung der Qualität der Produkte (Fernrohrobjektive, Okulare) sowie die Erhöhung des Ausstoßes. Er perfektionierte die Linsenherstellung durch die Konstruktion einer heute im Münchner Stadtmuseum stehenden Linsenschleif- und -poliermaschine derart, daß seine Optiken Weltruhm erlangten und selbst noch den 100 Jahren später geltenden Anforderungen gerecht wurden. Die Qualität der Linsen hing damit nicht mehr von der manuellen Fertigkeit des jeweiligen Arbeiters ab, sondern wurde systematisiert - für die damalige Zeit „ein absolutes Novum“, wie später Ernst Abbé (1840-1905), der Begründer der weltberühmten Jenaer Optik-Industrie, ausführte.

Unaufhaltsame Karriere

Als 1807 die Werkstatt in das Kloster Benediktbeuren verlegt wurde, wo Utzschneider als Zuliefererbetrieb eine Glashütte errichtet hatte, entwickelte Fraunhofer neue Glassorten, mit denen er besser korrigierte und größere Objektive verwirklichen konnte. Und durch diese Leistungen rückte er bereits 1809, als 22jähriger, zum verantwortlichen Leiter des gesamten Betriebes sowie zum „Aßocié“ von Utzschneider und Reichenbach auf. - Die ehemalige Glashütte ist in Benediktbeuern erhalten und zu besichtigen.

Als nächstes erweiterte er die Produktpalette (Hand- und Stativfernrohre, Mikroskope, Lupen, „Theater- Perspective“, astronomische Instrumente), und seine weitere Entwicklung führte ihn dann über diese Produktionsaktivitäten hinaus zu umfassenden wissenschaftlichen Arbeiten, wobei er die Instrumente für seine experimentellen Tätigkeiten auch noch selbst konstruierte: Untersuchung der verschiedenen Lichtquellen, auch von elektrischem Licht, und des Lichtes der Sterne, Untersuchung der Helligkeitswerte der verschiedenen Farben, Ermittlung der Farbfehler des menschlichen Auges, erstmalige Messung von Lichtwellenlängen, wobei er entdeckte, daß die Wellenlänge des Lichtes vom optischen Medium abhängt, während die Frequenz konstant bleibt, und vor allem die Entdeckung der nach ihm benannten Linien im Sonnenspektrum.

Er wollte 1814 herausfinden, „ob im Farbenbilde von Sonnenlichte ein ähnlicher heller Streif zu sehen sey wie im Farbenbilde vom Lampenlicht“. Allerdings fand er „anstatt desselben mit dem Fernrohre fast unzählig viele starke und schwache vertikale Linien, die aber dunkler sind als der übrige Theil des Farbenbildes“.

Schon andere Forscher hatten diese Linien beobachtet, ihnen aber keine Bedeutung beigemessen. Fraunhofer jedoch kam zu der Erkenntnis, daß diese Linien in der Natur des Lichts selbst begründet sind. Mit die wichtigste Wirkung dieser Entdeckung war, daß Fraunhofer damit Nobelpreis-Physikern wie Niels Bohr, Max Planck und Werner Heisenberg eine der Voraussetzungen geliefert hatte, den Grundstein zur Entschlüsselung der Materie zu legen.

Früchte des Ruhmes

Fraunhofers Ruf drang weit über Bayerns Grenzen hinaus, der berühmte Mathematiker Carl Friedrich Gauß, Minister Montgelas, König Max I. Joseph und (wahrscheinlich) der russische Zar Alexander besuchten ihn in Benediktbeuern, und man überhäufte ihn mit Ehrungen.

Unter anderem wurde der ehemalige Glaserbub Vollmitglied der Bayerischen Akademie der Wissenschaften. Weil Utzschneider in finanzielle Schwierigkeiten geriet, mußte er 1819 das Kloster Benediktbeuern an den bayerischen Staat zurückverkaufen und den optischen Betrieb nach München zurückverlagern, in ein Gebäude an der Nordostflanke des heutigen Luitpoldblockes.

Fraunhofer starb am 7. Juni 1826 an Lungentuberkulose, unverheiratet geblieben und somit ohne leiblichen Nachkommen. Sein Grab im Alten Südlichen Friedhof liegt neben dem von Georg von Reichenbach, der 17 Tage vor Fraunhofer gestorben war.

Franz X. Gabelsberger

Der lange Weg zur kurzen Schrift

Vom Parlamentsstenographen in die Ruhmeshalle der bedeutendsten Bayern auf der Theresienhöhe - welch eine Karriere des Franz Xaver Gabelsberger, des Schöpfers der deutschen Kurzschrift! Vom Sekretär zum „genialen Erfinder“, wie ihn Bayerns Kultusminister Hans Zehetmair anläßlich seines 200. Geburtstages bezeichnete.

Als „kleiner Schreiber“ wird Gabelsbergers berufliche Position in manchen Darstellungen bezeichnet, wobei er allerdings in seinen letzten Jahren zum Leiter des Landtagsstenographenbüros aufstieg - zugleich aber war er der große Schriftgelehrte, kundig in Wissenschaften wie Mnemonik (Gedächtniskunst), Pasigraphie (alle verständlichen Zeichen und Schriftsprache), Kryptographie (Geheimschrift) und Dechiffrierkunst.

Geboren wurde er im Jahr 1789, das der Welt nicht nur die Französische Revolution brachte, sondern auch die Geburt des Physikers Georg Ohm sowie München den Beginn des Ausbaus des „Theodorparks“, benannt nach Kurfürst Karl Theodor, heute als Englischer Garten bekannt. Das Revolutionsjahr wurde für Gabelsbergers beruflichen Werdegang relevant, weil das Königreich Bayern am 26. Mai 1818 als erstes europäisches Land freiwillig eine Verfassung verabschiedete, die sich an den Grundsätzen der französischen Revolution orientierte. Die Verfassung sah die Einrichtung einer aus zwei Kammern bestehenden „Ständeversammlung“ vor, des späteren Landtages.

Und Gabelsberger wiederum war es gegeben, gleich die ersten Sitzungen im Wortlaut festzuhalten, nachdem die Forderung laut geworden war, über die Debatten des neuen Verfassungsorgans müsse jeweils ein Protokoll angefertigt werden.

Gabelsberger wurde für diese Aufgabe abgestellt, weil er seit 1817 dabei war, eine „Schnellschrift“ zu entwickeln, angeregt durch englische, französische und altrömische Vorbilder, die ihn freilich allesamt nicht zufrieden stellten. Im alten Rom hatte der

Freigelassene Marcus Tullius Tiro, Ciceros Geheimsekretär, ein brauchbares Kurzschriftsystem entwickelt, die „Tironischen Noten". Damit hielten „Notarii" (Schnellschreiber) im Senat die Reden und Verhandlungen fest, u.a. im Jahr 63 vor Christus die Anklageschrift des Cicero gegen den Verschwörer Catalina. Die tironische Abkürzung für „und" (= &) wird noch heute verwendet.

Im neuen bayerischen Landtag wurde Gabelsbergers Können bei der genauen Protokollführung als so wertvoll anerkannt, daß er 1818 als „Kammerstenograph" angestellt wurde. Und als er 1825 im Rahmen der von König Ludwig I. angeordneten Sparmaßnahmen zur Sanierung des Staatshaushalts in den „einstweiligen Ruhestand" versetzt wurde, holte man ihn schon nach zwei Monaten wieder zurück. Weil der Landtag nicht ohne Protokolle auskam.

Für seine Anhänger war Gabelsberger ein „geborener Künstler", wie aus einem von Arthur Mentz herausgegebenen „Gedenkbuch" zu seinem 100. Todestag 1949 hervorgeht. „Meister" nannten ihn seine Schüler, sie selbst bezeichneten sich bisweilen als seine „Jünger", so daß die Bewunderung in den Beiträgen des „Gedenkbuchs" an eine Verehrung erinnert, wie sie sonst nur wenigen anderen Großen der deutschen Geistesgeschichte zuteil wurde.

Sein „eigenthümliches Geschwindigkeitsverfahren" der Kurz- oder Schnellschrift war freilich nur seine bekannteste Pioniertat. Mehr oder weniger vergessen sind seine übrigen Erfindungen: unter anderem eine Rechentafel - eine Art Rechenautomat - für den Schuldienst und eine neuartige mechanische Uhr.

Sechsmal schneller

Gabelsbergers Leistung bei der Kurzschrift bestand darin, daß er seine Zeichen den verbindungsfähigeren Buchstaben der deutschen Schrift entnahm und vielfach miteinander verschmolz. Der Fortschritt lag vor allem in der Flüssigkeit des Schreibens und der dadurch bedingten Geschwindigkeit, die sechsmal so hoch war wie beim normalen Schreiben.

FRANZ XAVER GABELSBERGER entwickelte eine Kurzschrift, mit der Stenographen sechsmal so schnell schreiben konnten wie mit der normalen Buchstaben-Schrift.

Später entwickelten Wilhelm Stolze (1841) und Ferdinand Schrey (1887) auf der Grundlage von Gabelsberger die Kurzschrift weiter, und aus dem System „Stolze-Schrey“ entstand 1924 die deutsche „Einheitskurzschrift“. Heute umfaßt die Kurzschrift 80 Zeichen und rund 100 Kürzel, ist als reine Diktierschrift zwar durch Computer und Diktiergeräte etwas aus der Mode gekommen, keineswegs jedoch als Schrift zum Anfertigen von Notizen und Manuskripten.

„Aus freyer Idee“ begann sich Gabelsberger 1817 mit der „Ermittlung einer Schnellschrift zu befassen“, wie er später schrieb. Er fuhr fort: „Dabei hatte ich keine andere Absicht, als etwa einem höheren Staatsbeamten zur Erleichterung seiner Geschäfte dienlich zu sein, daß ich vermittels solcher Schrift entweder einzelne Elaborate desselben gleich vom Munde weg aufnehmen oder bey minder bedeutenden Gegenständen nur schnell das Wesentlichste seiner Ansichten notieren, das übrige aber selbst (später) ausarbeiten könnte“.

Gabelsbergers Vorfahren stammten aus Mainburg in der Hallertau und waren zumeist Handwerker, aber auch Ratsherren und Bürgermeister, und der Großvater väterlicherseits brachte es nach einem Medizinstudium in Ingolstadt sogar zum Landschaftsphysikus (Bezirksarzt) im schwäbischen Mindelheim. Gabelsbergers Vater Josef Ernst Alois siedelte sich als „Bürgerlicher Hofblasinstrumentenmacher“ in München an.

Eine Frühwaise

Hier wurde Franz Xaver Gabelsberger in einem längst nicht mehr existierenden Haus vor dem Isartor geboren. Er war ein guter Schüler, aber sein Wunsch, Volksschullehrer zu werden, scheiterte, weil sein Vater schon im Alter von 35 Jahren starb und die Mutter mittellos mit fünf Kindern hinterließ. Der junge „Xaverl“ besuchte zwar das kurfürstliche Gymnasium, mußte dann aber am kgl. Schullehrerseminar die Ausbildung wegen Geldmangels mit den Noten „gut“ und „sehr gut“ abbrechen. 1809 fand er eine Stelle als Schreiber und Kanzlist im bayerischen Staatsdienst. Eine gesellschaftliche Aufwertung brachte 1817 seine Heirat mit Franziska (Fanny) von Schweller, die dem Münchner Adel entstammte. Ihr Vater hatte ein Großtuchgeschäft, ihre Mutter war eine Baronin von Pilgram.

Wichtig für Gabelsbergers Beschäftigung mit einer neuen Kurzschrift wurde eine frühe Bekanntschaft mit einem anderen Großen der Münchner Erfinder-Gilde, mit Aloys Senefelder, sowie ein neugieriges Interesse an dessen Erfindung des Steindrucks. Gabelsberger: „Ich habe schon im Jahre 1809 die Gelegenheit benützt, mich zum Lithographen auszubilden, wobey mir die Zeichnung und Anschauung der Schrift auch im verkehrten Bilde Gelegenheit bot, die für die Hand am bequemsten laufenden Teilzüge ins Auge zu fassen ... Ich hatte also Sprache und Schrift in ihrem Wesen wie in ihren Bestandteilen bereits von Gesichtspunkten aus betrachten gelernt, welche mir in mancher Beziehung zum Leitstern in der Behandlung meiner Aufgabe dienen konnten".

Die Kurzschrift wurde beherrschend für seine Existenz: „Meine Liebe in diesem Fach steigerte sich mit jedem Schritte, den ich vorwärts machte, und die Stenographie erwuchs für mich in kurzer Zeit zu einem mein Leben und meine Seele beherrschenden Neigungsgegenstand". Eine Zusammenfassung seines Kurzschriftsystems brachte er 1834 in einer „Anleitung zur deutschen Redezeichenkunst oder Stenographie" heraus. Die „Anleitung" umfaßte nicht weniger als 560 Seiten. Eine Ergänzung verfaßte er 1843, erteilte außerdem zahlreichen Schülern Unterricht und schrieb mehrere pädagogische Lehrbücher.

Die viele Arbeit zehrte freilich seine Kräfte auf. Am 4. Januar 1849 brach er in der Theatinerstraße mit einem Schlaganfall zusammen. Schon vier Jahre später gründeten Schüler und Weggefährten an seinem Grab im Alten Südlichen Friedhof den „Stenographen-Zentralverein". Das Grabmal war vom Bildhauer Johann Riedmiller geschaffen worden. 1861 erhielt die Kasernenstraße, in der Gabelsberger in Nr. 6 (Ecke Barerstraße) die letzten Jahre gelebt hatte, den Namen ihres berühmten Bewohners. 1935 wurde das Haus abgebrochen, um Platz zu schaffen für nationalsozialistische Bauten, die wiederum im Zweiten Weltkrieg bei Bombenangriffen zerstört wurden.

Seit 1890 steht ein Gabelsberger-Denkmal an der Ottostraße. Das Modell dazu sowie die Büste in der Ruhmeshalle auf der Theresienhöhe stammten von Syrius Eberle, der auch für König Ludwig II. arbeitete. So lieferte er u.a. Entwürfe für dessen Prunkwagen und -schlitten.

Bis 1943 gab es in München auch ein Gabelsberger-Museum, von 1901 bis 1904 zunächst im Gabelsberger-Haus, dann in einem zum alten Landtagsgebäude gehörenden Hinterhaus in der Salvatorstraße 12 und ab 1922 in der Bayerischen Staatsbibliothek. Bei einem Bombenangriff im März 1943, bei dem auch die Staatsbibliothek teilweise ausbrannte, wurden dort auch die meisten Exponate des Gabelsberger-Museums ein Raub der Flammen.

Joseph Anton von Maffei und Hugo von Maffei

Sie machten der Eisenbahn Dampf

Einer der bedeutendsten Münchner Technikpioniere war überhaupt kein Techniker, sondern gelernter Kaufmann: Joseph Anton Ritter von Maffei (1790 - 1870). Er reussierte nicht nur als Unternehmer, sondern imponierte ebenso als Persönlichkeit, sodaß er auch Kraft seines Auftretens zu den wichtigsten und einflußreichsten Vertretern des Münchner Wirtschaftslebens seiner Zeit zählte. Er gehörte 1835 zu den Gründern der „Bayerischen Hypotheken- und Wechselbank“ und des Hotels „Bayerischer Hof“. Außerdem war er Mitglied des Münchner Magistrats, des bayerischen Landtags und der Ständeversammlung. Dabei besaß er zunächst nur eine Tabakfabrik im Lehel, damals ein Arme-Leute- und Gewerbegebiet.

Aber Maffei hatte jenen Weitblick für zukünftige Entwicklungen, der den Industriepionier auszeichnet. Und so erkannte er frühzeitig das riesige Potential des neuen Verkehrsmittels Eisenbahn, kaum daß 1835 die legendäre Lokomotive „Adler“ mit ein paar Wägelchen hintendran zum ersten Mal von Nürnberg nach Fürth gedampft war.

Wurzeln in Verona

Maffei stammte aus einem weitverzweigten italienischen Adels- und Handelsgeschlecht. Sein begüterter Vater war im 18. Jahrhundert aus Italien zugezogen und hatte die Tabakfabrik gegründet. „Der 1688 erbaute Palazzo Maffei steht heute noch an der Nordseite der Piazza delle Erbe in Verona“, heißt es in der Krauss-Maffei-Firmengeschichte „150 Jahre Fortschritt durch Technik. 1838 - 1988“. Joseph Anton von Maffei wurde bereits in München geboren.

Gleich als es darum ging, auch in München eine Eisenbahn zu bauen, war Maffei in leitender Position dabei: Als Vorstandsvorsitzender der privaten Gesellschaft, die 1839 die München-Augsburg-Bahn errichtete. Der Staat hielt sich damals bei Eisenbahnprojekten noch zurück.

Die Lokomotiven für beide Bahnen mußten jedoch noch in England bestellt werden, dem damals in der Technik führenden Land. Maffei nun befand, daß es „notwendig sei, alles Eisenbahnmaterial im eigenen Land herzustellen, um unabhängig vom Ausland zu werden". Zu diesem Zweck erwarb er 1838 von einer Witwe namens Lindauer für 57 500 Gulden eine Schmiede in der Hirschau: das Lindauer'sche Hammerwerk oder auch kurz „Lindauer'scher Hammer" genannt.

Die Hammerschmiede lag zwar in einer abgelegenen Gegend, besaß aber einen Stamm von 160 Arbeitern und Tagelöhnern sowie an einem Bach ein Wasserkraftwerk. Anfangs war dies wohl nur ein hölzernes Mühlenrad, aber Ende der siebziger Jahre des vorigen Jahrhunderts entstand daraus das erste *elektrische* Wasserkraftwerk Münchens. 1901 schließlich wurden die verschiedenen, das Fabrikgelände durchziehenden Wasserläufe zum „Eisbach" vereinigt und in einer neuen Kraftzentrale drei Francis-Turbinen mit einer Leistung von insgesamt 1000 PS installiert, nach damaligen Maßstäben eine recht ordentliche „Wasserkraft". Diese heute als Tivoli-Kraftwerk bekannte Anlage ist im Originalzustand erhalten, erst 1986 wurden zwei der alten Turbinen erneuert. Sie steht unter Denkmalschutz und ist die einzige bauliche Reminiszenz an die einstige Fabrik, die im Laufe der Jahrzehnte zu einem riesigen Komplex erweitert wurde.

Auch einen Gleisanschluß gab es nicht, er wurde erst 1901 (!) genehmigt, zuvor überwogen stets die Bedenken gegen eine Durchquerung des Englischen Gartens. Das Gleis verlief zum damaligen Schwabinger Bahnhof, der als Baulichkeit noch bis in die achtziger Jahre des 20. Jahrhunderts etwa an der Stelle der heutigen Berliner Straße bestand. Bis dahin mußten insgesamt 2000 Maffei-Lokomotiven auf Straßenfahrzeugen und von 12 Pferden gezogen durch die ganze Stadt zur Zentralwerkstätte am Marsfeld gebracht werden. Für die Münchner Bevölkerung waren die Transporte jeweils ein großes Spektakel, sie führten stets publikumswirksam durch das Siegestor hindurch und die Ludwigstraße entlang.

Die in Holz errichtete Hammerschmiede gestaltete Maffei zu einem „Eisenwerk“ um, zu einer Maschinenfabrik mit Gießerei und Kesselschmiede. Die erste Lokomotive wurde 1841 vom englischen Ingenieur Joseph Hall gebaut. Er war 1839 zur Montage der sechs englischen Lokomotiven für die München-Augsburg-Eisenbahn nach München gekommen. Maffei engagierte ihn als technischen Direktor der Fabrik, und 1843 wurde ein zweiter Engländer angeworben, George Jon Ashton. Er leitete das Werk nach Halls Weggang von 1857 bis 1876, heiratete eine Einheimische und wurde ein echter Münchner. Der Name findet sich noch heute im Münchner Telephonbuch.

Geschickt wie Maffei war, bat er den König, seinem „ersten Bayerischen Dampfwagen den Namen allergnädigst zu bestimmen geruhen“. Die Lokomotive ähnelte noch stark dem „Adler“. Ludwig I. war nicht nur geschmeichelt, sodaß er mit „vielem Vergnügen“ die Benennung „Münchner“ vergab, sondern nun auch hellwach geworden für dieses neue Verkehrsmittel, das die Mobilität auf heute kaum noch vorstellbare Weise revolutionierte: Schon 1844 bekannte sich die bayerische Regierung zum Staatsbahnprinzip und erwarb per Kauf die München-Augsburg-Linie.

Der nicht bezahlte „Münchner”

Mit einem Durchschnitt von 32 km/h dampfte der „Münchner“ zwischen München und Augsburg hin und her, war aber 1845 von der Kgl. Bayr. Staatsbahn immer noch nicht bezahlt. Dies monierte Maffei in einem Brief an den König mit dem Hinweis, allein die Steuer für die „3 Maaß Bier“, die er täglich jedem seiner inzwischen 230 Arbeiter „zur Stillung des Durstes“ ausschenke, habe in den letzten sechs Jahren 25 000 Gulden betragen. Das wirkte. Für 24 000 Gulden kaufte die Staatsbahn den „Münchner“. Heute steht das wertvolle historische Stück als Leihgabe von Krauss-Maffei im Deutschen Museum.

Die vierziger Jahre bedeuteten für die neue Fabrik noch eine wirtschaftliche Durststrecke. Um 1844 von der Kgl. Bayr. Staatsbahn einen Auftrag für acht Lokomotiven zu erhalten, mußte Maffei sogar die väterliche Tabakfabrik als Kaution einbringen. Die erste Lokomotive dieses Auftrags und somit die zweite insgesamt hieß „Bavaria“ und wurde auf der Strecke Nürnberg - Bamberg eingesetzt.

Um nicht allein vom Lokomotiven-Bau abhängig zu sein, fertigte die Fabrik auch Dampfmaschinen und bis 1926 insgesamt 44 Dampfschiffe, als erstes 1851 die „Maximilian“ für Fahrten auf dem Starnberger See. Ein wichtiger und ehrenvoller Auftrag für Maffei war 1860 die Konstruktion des eisernen Dachstuhls für die Befreiungshalle in Kelheim.

Durchbruch mit „Bavaria"

Der Durchbruch beim Lokomotivenbau kam erst 1851, als Maffei beim „Semmering-Wettbewerb“ um die leistungsfähigste Steilrampen-Lokomotive den 1. Preis gewann, verbunden mit 20 000 „vollgewichtigen kayserlichen Dukaten“. Die ausgezeichnete Maschine war bereits die 72. Maffei-Lokomotive, sie hieß wieder „Bavaria“. Erst die 1874 ausgelieferte 1000. Maffei-Lok erhielt keinen Namen mehr, sondern als Kennzeichnung die Zahl „1000“. Sie steht heute ebenfalls im Deutschen Museum.

Damals wurde die Fabrik seit 1870 bereits von Hugo von Maffei (1836 - 1921) geleitet, in der Nachfolge seines kinderlos gebliebenen Onkels. Hugo Ritter und Edler von Maffei war ebenfalls kein Techniker, sondern Jurist und Landwirt. Er war völlig überrascht, als er bei der Testamentseröffnung erfuhr, daß er die Fabrik übernehmen sollte; denn die Verwandtschaft war recht zahlreich.

Hugo von Maffei verstand es vor allem, fähige Ingenieure und andere gute Mitarbeiter zu gewinnen, so daß unter ihm die Fabrik über Deutschland hinaus Bedeutung erlangte und zeitweise 2000 Mitarbeiter beschäftigte und damit die größte Münchner Fabrik überhaupt war.

Schlagartig weltweit bekannt wurde das Unternehmen, als am 2. Juli 1907 eine Maffei-Lokomotive mit einem Vier-Wagen-Zug mit 154,5 km/h einen Weltrekord aufstellte, der bis 1936 Bestand hatte. Die Lok ist heute ein Glanzstück der Exponate im Nürnberger Verkehrsmuseum.

Mitentscheidend für den wirtschaftlichen Erfolg war auch die Ausweitung der Produktpalette auf stationäre Dampfmaschinen sowie auf Dampfturbinen zur Erzeugung von elektrischer Energie und auf Werkzeugmaschinen. Dampfmaschinen waren bis zum 1. Weltkrieg die verbreitetsten Kraftmaschinen und bildeten somit ein wichtiges Produkt-„Standbein". Die ersten privaten und kommunalen Münchner Elektrizitätswerke waren fast ausschließlich mit Maffei-Dampfkesseln ausgestattet.

Zeitweise galt Hugo von Maffei als reichster Mann Bayerns, und in der Prinzregentenzeit war er, ebenso wie zuvor schon sein Onkel in dessen Epoche, einer der einflußreichsten Wirtschafts- und Industriemagnaten. Von den vielen Ehrungen, die er erhielt, freute ihn am meisten die Verleihung des Dr. Ing. ehrenhalber durch die Technische Hochschule München.

Unter Hugo von Maffeis Nachfolgern wurde die Fabrik 1927 in eine Aktiengesellschaft umgewandelt und geriet in der Weltwirtschaftskrise Ende der zwanziger Jahre in Schwierigkeiten. Zum 1. Januar 1931 kam es zur Übernahme durch die Krauss & Comp. AG.

JOSEPH ANTON VON MAFFEI (4.9.1790 - 1.9.1870) gründete 1838 in der Hirschau bei München eine Lokomotivfabrik, die sich unter seinem Neffen HUGO VON MAFFEI (unteres Bild) zum größten Münchner Industrieunternehmen entwikkelte und Weltgeltung erlangte.

Johann Mannhardt

Der Kühbub von der Huteralm

In seiner „Bayerischen Geschichte“ hat Benno Hubensteiner an Johann Mannhardt erinnert, an den „Kühbub von der Huteralm, der über die Uhrmacherwerkstatt von Gmund am Tegernsee ins München Ludwigs I. kam und ein Erfinder und Mechanikus wurde, den man selbst in Lissabon und London nennen hörte“. Hubensteiner vermerkt Mannhardt in einem Atemzug mit den Granden der bayerischen Technik des 19. Jahrhunderts, mit Fraunhofer, Reichenbach, Senefelder, Gabelsberger, Steinheil, Joseph Anton von Maffei und Friedrich Koenig, Erfinder der Schnelldruckpresse.

Wie es möglich war, daß ein Kühbub zu globaler Bedeutung aufzusteigen vermochte, hat Ludwig Thoma beschrieben: „Es sind Geißhirten jahrelang auf den Almen herumgelegen, haben in den Himmel hineingeschaut und sich aus der blauen Luft eine Sehnsucht geholt, die sie hinunter in die Städte trieb und zu großen Künstlern werden ließ.“

Gerade die großen Münchner Uhrmacher hat es fast alle vom Land „hinunter in die Städte getrieben“: Im 18. Jahrhundert den in Kelheim geborenen Joseph Gallmayr (1716-1790), der 1776 die erste automatische Uhr der Welt konstruierte, dann Joseph Liebherr (1767-1840), der aus Immenstadt im Allgäu zugezogen war, und schließlich nach Mannhardt den Tiroler Christian Reithmann (1818-1909), der neben seinen Uhren - gleichsam nebenher - 1873 den ersten Viertaktmotor der Welt baute.

Lauter Unikate

Mannhardts große Leistung war die Revolutionierung des Groß- und Turmuhrenbaues im 19. Jahrhundert. Er konstruierte Turmuhren, deren Laufwerk weniger aufwendig und kompliziert und dadurch preiswerter, leichter zu pflegen und zu reparieren war - und die genauer gingen. Viele der von ihm gebauten Turmuhren zeigen noch heute präzise die Zeit an. Zudem waren fast alle Mannhardtschen Turmuhren Unikate, weil Mannhardt den Ehrgeiz besaß, sich und seine Großuhren ständig weiterzuentwickeln. Er sei ein „ungewöhnliches, originelles Genie, das nie im Stande ist, sein eigenes Produkt zum zweiten Male nachzumachen, ohne gänzlich neu zu gestalten, weil ihm nie das Vorhergegangene gefällt", urteilte der in München ansässige kaiserlich-russische Ingenieur-Oberstleutnant Hermann von Dalwitz, und Liebherr nannte Mannhardt „ein wahres mechanisches Universal-Genie".

Mit genialem Erfindungsreichtum optimierte er auch die Werkzeugmaschinen, die „Hilfsmaschinen der Produktion", mit deren Hilfe erst die präzise Bearbeitung der Werkstücke und dadurch die Herstellung genauer Maschinenteile ermöglicht und somit wiederum die Funktionstüchtigkeit der Uhren verbessert werden konnte. Doch Mannhardt beschränkte sich nicht nur auf Uhren und die Uhrmacherwerkstatt. Er konstruierte auch neue Pressen für Teigwaren, Farbmaschinen, Lithographie- und Torfpressen sowie Bratmaschinen insbesondere für die königliche Residenz in München. Unter seiner Leitung wurden die eisernen Oberlicht-Dachstühle für die Alte Pinakothek gefertigt, und für die Maffeische Fabrik lieferte er ein Hammerwerk sowie alle frühen mechanischen Einrichtungen für den Waggonfabrikanten und Hofschmiedemeister Josef Rathgeber.

Wer sich freilich heute über Mannhardt informieren will, ist auf Uhren-Fachzeitschriften angewiesen, etwa „Die Uhr" (Franz Rathgeber: „Johann Mannhardt - Mechanikus und Turmuhrenmacher in München") oder „Uhren" (Walter Ackermann: „Der Turmuhrenbau Johann Mannhardts im 19. Jahrhundert").

Johann Mannhardt wurde am 31.8.1798 auf dem Einödhof Bürstling bei Gmund am Tegernsee geboren, jenem Ort, aus dem auch die Familie Reiffenstuel stammte, aus der bedeutende Zimmer-, Brunnen- und Wasserbaumeister hervorgingen. Hanns Reiffenstuel baute 1617 bis 1619 die erst 1912 (!) aufgelassene berühmte Soleleitung von Reichenhall nach Traunstein, die erste „Pipeline" der Welt. Auch Mannhardts Vater war Zimmermeister, starb allerdings verarmt schon 1803, als Johann gerade fünf Jahre alt war. Der Bub betätigte sich neben dem Hüten der Kühe

JOHANN MANNHARDTS große Leistung bestand in der Revolutionierung des Groß- und Turmuhrenbaues im 19. Jahrhundert.

handwerklich: Er machte Holzschuhe, reparierte landwirtschaftliche Geräte und stellte Mobiliar her. Eines Tages begleitete er den Knecht eines Nachbarn, der seine Taschenuhr zum Uhrmacher Jakob Deisenrieder (1778-1833) in Gmund zur Reparatur gebracht hatte und sie abholen wollte. Begeistert sah sich Mannhardt in der mechanischen Werkstätte um, was Deisenrieder auffiel. Der fragte ihn, ob er Uhrmacher werden wolle. Mannhardt antwortete: „Ja, es wäre schon recht, wir können aber kein Lohngeld zahlen.“ Deisenrieder antwortete: „Das hat nichts zu sagen, er muß dafür länger lernen“.

Acht Jahre, bis 1821, lernte Mannhardt bei Deisenrieder und arbeitete darauf fünf Jahre als Betriebsleiter bei der Witwe des Schlossermeisters und Großuhrenmachers Martin Fritz in Miesbach. Hier erhielt er jenen Auftrag, der ihn bekannt machte: eine neue Turmuhr für die Kirche in Egern am Tegernsee. Er fertigte eine Uhr, die in allen Teilen bis dahin nicht bekannt war und vor allem eine neuartige Hemmung hatte, die „Mannhardtsche Hemmung“. Im Tegernseer Heimatmuseum ist die Uhr noch erhalten.

Der in Miesbach Urlaub machende Generalmautdirektor Ritter von Miller aus München hörte von der neuen Egerner Uhr und ließ sie auf einem Ochsenkarren zur Begutachtung nach München in die dortige Mauthalle schaffen, die ehemalige Augustinerkirche. Protokollführer der Prüfungskommission war Oberstbergrat Joseph Ritter von Baader (1763-1835), genannt „Maschinen-Baader“.

Die Kommission machte insgesamt zehn verschiedene Vorzüge der Konstruktion aus, „welche von jener der gewöhnlichen Kirchturm-Uhren sich durchaus und wesentlich unterscheidet“ und befand, die Uhr sei „mit dem größten Fleiße und der elegantesten Nettigkeit vollendet“ und müsse „von jedem Kenner als ein in jeder Hinsicht vollendetes Meisterwerk anerkannt werden“. Damit war für Mannhardt der Weg in die Haupt- und Residenzstadt geebnet: 1827 siedelte er nach München über und richtete sich am Kreutzlgießergarten eine Werkstatt ein. München hatte - bei rund 65.000 Einwohnern - bis dahin keinen einzigen Großuhrenmacher. Die entsprechenden Arbeiten waren von Schlossern und Schmieden ausgeführt worden.

Trotz des Lobes der Prüfungskommission waren Mannhardts Anfänge in München beschwerlich: in den ersten Jahren wurden lediglich vier große Uhren bestellt. Überleben konnte er in dieser Zeit nur als „Universalmechaniker". So konstruierte er eine Plombiermaschine, von der 280 Stück für die bayerischen Zollämter bestellt und geliefert wurden. Und auf der ersten bayerischen Industrieausstellung 1834 in München stellte er neben zwei Turmuhren auch zwei Durchschneidemaschinen, eine Strickmaschine, zwei neuartige Schraubstöcke und ein mechanisches Kinder-Reitpferd aus. Im Polytechnischen Journal erhielten die beiden Uhren als „Kunstwerke" hohes Lob. Zugleich wurde Mannhardt aber auch „mehr Spekulationsgeist" gewünscht: Mehr Geschäftstüchtigkeit. Trotz seines späteren Ruhmes ist er nie wohlhabend geworden, wohl auch wegen einer ausgeprägten Uneigennützigkeit, die ihn aus seinen vielen Erfindungen kein Kapital schlagen ließ.

Spektakuläre Erfolge

Er machte aus seinen Entwicklungen kein Geheimnis, jeder Konkurrent konnte sich ihrer bedienen. Er sei ein „einfacher, grundehrlicher und arbeitsamer Mann", hieß es 1836 in einem Buch „Über den Zustand der bayerischen Gewerbeindustrie". Zudem produzierte Mannhardt zu Niedrigpreisen, er hielt es sich zugute, billig bei höchster Qualität zu liefern.

Ab 1834 ging es mit den Aufträgen aufwärts: Seine Qualitätsarbeit hatte sich herumgesprochen, und zudem stammten die meisten Turmuhren in Bayern auf dem Lande noch aus dem 15. und 16. Jahrhundert, waren also erneuerungsbedürftig. Mannhardt wurde Stadtuhrmacher, und 1844 kam er in der Amalienstraße 26/27 in den Besitz einer Werkzeug- und Maschinenfabrik. Am Wohnhaus an der Straße stand „Joh. Mannhardtsche Königl. Bayr. Hofthurmuhren-Fabrik".

1841 baute er als erste spektakuläre Arbeit in München eine neue Turmuhr für die Frauenkirche, worauf ihn die Kgl. Regierung von Oberbayern allen „Gemeinden, Stiftungen und anderen Corporationen" weiterempfahl.

1850 übernahm er sich dann zwar mit einer neuen Maschinen-Flachs- und Hanfspinnerei-Fabrik und mußte jahrelang Schulden abzahlen, aber in den sechziger Jahren wurde sein Bekanntheitsgrad zu Weltruhm: Uhren aus der Mannhardtschen Fabrik gingen in alle Teile Deutschlands, in fast alle europäischen Länder, in die USA, nach Mexiko, Südamerika und Südafrika. Insgesamt lieferte Mannhardt bis zu seinem Tod am 25. August 1878 über 1.000 Turmuhren. Unter großer Anteilnahme der Bevölkerung wurde auf dem Alten Südlichen Friedhof zu Grabe getragen.

Carl August von Steinheil

„Er gab den Gedanken Flügel"

Die Straße, die in München nach Carl August Steinheil benannt ist, liegt ausnahmsweise einmal richtig: in unmittelbarer Nachbarschaft zur Technischen Universität, zwischen Luisen- und Augustenstraße. Steinheil war nicht nur einer der kreativsten Münchner Erfinder, sondern festigte durch seine Werkstatt für optische Instrumente auch den von Joseph von Fraunhofer begründeten Weltruhm der optischen Münchner Industrie.

Steinheil sprühte vor Ideen. Nach einem Urteil des mit ihm befreundeten Mineralogen und Dichters Franz von Kobell arbeitete er „mit einer genialen Leichtigkeit" und war trotz einer enormen Arbeitsleistung „doch fern von einem pedantischen Hinbrüten und gerne heiterem Leben zugewandt".

Freilich steht Steinheils Name ungerechtfertigterweise ein wenig im Schatten von anderen Berühmtheiten: So nutzte er 1836 den ersten elektromagnetischen Schreibtelegraphen, aber als Erfinder der Telegraphie gilt der US-Amerikaner Samuel Morse, der erst zwei Monate nach Steinheil in New York einen einfachen „Recording electric Telegraph" vorführte und erst ab 1844 mit seinem Schreibtelegraph arbeitete.

Und 1839 fertigte Steinheil die ersten deutschen Fotos an, aber seine Leistung wird etwas zugedeckt durch die erfolgreichen Experimente der Franzosen Louis-Jacques-Mandé Daguerre (1789 - 1851) und Nicéphore Niepce (1765 - 1833). Bei einer Paris-Reise 1837 waren Steinheil deren Pioniertaten zu Ohren gekommen.

Niepce hatte 1826 auf einer asphaltbeschichteten Zinnplatte mit der seit alters her bekannten *Camera obscura* ein „Bild nach der Natur" geschaffen: das erste Foto. Und die erste erhaltene Daguerreotypie stammt aus dem Jahr 1837.

Insgesamt veröffentlichte Steinheil nicht weniger als 150 Erfindungen und Verbesserungen. Um die Erforschung von Steinheils Leben und Leistungen hat sich ein Ururenkel von Steinheil verdient gemacht: Der Münchner Dipl.-Ing. Helmut Franz. „Steinheil beherrschte, was damals noch seltener war als heute“, so Franz, „Theorie und Praxis gleich gut und konnte deshalb beide zur Optimierung seiner Geräte benützen“. „Ihm hatte vor allem die Photographie der späteren Jahre viel zu verdanken“, heißt es bei Roland Gööck („Die großen Erfindungen“).

Steinheil konstruierte 1839 die erste tubusförmige Kamera der Welt aus einem Theaterglasobjektiv sowie aus verschiebbaren Pappröhren. Franz von Kobell steuerte ein nach zahlreichen Versuchen hergestelltes lichtempfindliches Chlorsilberpapier bei. Mit diesen Errungenschaften - Kamera und Papier - fotografierten die beiden Professoren München: Frauenkirche, Odeonsplatz, Glyptothek und Schloß Nymphenburg. Die runden Fotos waren Negative und hatten einen Durchmesser von 4 cm.

Ebenfalls 1839 baute Steinheil eine größere Papprohrkamera mit einem zweilinsigen Spezialobjektiv sowie eine Metallkamera für das Bildformat 8 x 11 mm. Mit aufgeschraubtem Sucher hatte sie Ähnlichkeit mit einem Fernrohr und wurde in mindestens zehn Exemplaren hergestellt: die erste serienmäßig in Deutschland produzierte Kleinstbildkamera.

Später war eine weitere wichtige Konstruktion von Steinheil ein „Pyroscop“ für den Turm des Alten Peter zur schnelleren Lokalisierung von Bränden bei Nacht. Die Münchner sprachen von einem „Feuergucker“.

Seinen Forschungen konnte sich Steinheil ohne finanzielle Sorgen widmen. Er war der Sohn eines aus dem elsässischen Rappoltsweiler (heute Ribeauville) stammenden Generalrentmeisters. Als die im 18. Jahrhundert zum Herzogtum Pfalz-Zweibrücken gehörende Grafschaft Rappoltstein in den Napoleonischen Kriegen französisch wurde, folgte Philipp Steinheil 1807 dem aus Zweibrücken stammenden ersten bayerischen König Max I. Joseph nach München. Hier wurde er zum „Rath bei der kgl. bay. Mauth- und Zolldirektion“ ernannt und erwarb 1815 im Dorf Perlach das Gut Perlachseck.

Der dort aufwachsende Carl August Steinheil, 1801 noch in Rappoltsweiler geboren, war von zarter Gesundheit und ging deshalb nicht zur Schule, sondern erhielt Privatunterricht. Von 1820 ab studierte er in Erlangen zunächst Jura, sattelte aber bald auf Mathematik und Naturwissenschaften um und ging nach Göttingen, um den berühmten Mathematiker und Astronomen Johann Karl Friedrich Gauß (1777 - 1855) zu hören. Doch der hielt wegen anderweitiger Belastungen keine Vorlesungen, sodaß Steinheil weiter nach Königsberg zog. Dort promovierte er 1825 bei dem ebenfalls sehr bekannten Mathematiker und Astronomen Friedrich Wilhelm von Bessel. Seine Dissertation schrieb er „Über die Verfertigung spezieller Himmelskarten“.

Seinen wissenschaftlichen Ruf begründete Steinheil vor allem durch seine Arbeit „Elemente der Helligkeitsmessung am Sternenhimmel“, zu der als wesentliches Teil ein ausgeführtes Meßinstrument gehörte, ein Sternphotometer. Steinheil reichte die Arbeit 1834 zu einer Preisaufgabe der „Göttinger Societät“ ein, deren einflußreiches Mitglied Gauß war. Ihm wurde der Preis einstimmig zuerkannt.

Darauf folgte 1835 in München die Ernennung zum außerordentlichen und 1837 zum ordentlichen Mitglied der „Kgl. Bayerischen Akademie der Wissenschaften“.

Außerdem wurde Steinheil 1835 ohne eigene Bewerbung in den bayerischen Staatsdienst berufen und zum ordentlichen Professor für Mathematik und Physik an der Münchner Universität und zum 2. Conservator der mathematisch-physikalischen Sammlung des Königreichs Bayern ernannt.

Steinheils Vorgänger als Conservator war der große Joseph von Fraunhofer gewesen, den Steinheil 1826 noch kurz vor dessen Tod kennenlernte. Steinheil wäre gern Fraunhofers Nachfolger als Leiter von dessen Werkstätte für optische Instrumente in München geworden, aber den Posten erhielt Fraunhofers langjähriger Mitarbeiter Georg Merz (1793 - 1867).

Der Anstoß zur Entwicklung eines guten Nachrichtensystems kam von König Ludwig I., der noch erlebt hatte, wie in den Napoleonischen Kriegen die Franzosen ihre militärischen Erfolge u. a. einem weitverzweigten Netz von optischen Telegraphenlinien verdankt hatten.

1835 fuhr Steinheil nach Göttingen, um sich bei Gauß an erdmagnetischen Messungen zu beteiligen und die dabei benützten Instrumente kennenzulernen. Dabei erhielt er auch Kenntnis von einem elektromagnetischen Telegraphen, den Gauß entwickelt hatte, der aber nur intern brauchbar war. Gauß veranlaßte Steinheil, daraus ein praxistaugliches Gerät zu entwickeln.

Zurück in München, konstruierte Steinheil zunächst einen Telegraphen, bei dem Zeichen akustisch mit Hilfe von zwei verschiedenen Glocken empfangen wurden, so wie später die Funker die Morsezeichen mit einem Summer abhörten. Dies bedeutete schon einen wesentlichen Fortschritt gegenüber der in Göttingen praktizierten Beobachtung einer Magnetnadel mit Hilfe eines Fernrohres. Steinheil vollendete das Gerät, indem er eine Einrichtung mit einem Papierstreifen zur schriftlichen Fixierung der Nachricht in einer ebenfalls von ihm entwickelten Punktschrift hinzufügte.

Am 27. Januar 1838 führte Steinheil die Erfindung König Ludwig I. in der „Akademie der Wissenschaften“ vor. Die Nachrichtenübermittlung per Freiluftleitungen zu Steinheils Privatwohnung in der Lerchenstraße (heute Schwanthalerstraße) sowie zur Sternwarte in Bogenhausen klappte vorzüglich. Der für die Übertragung notwendige Strom wurde durch Induktion erzeugt. Steinheil bewegte dabei zwei beiderseits an einer drehbaren Welle bewegte Spulen durch deren Drehung über den Polen eines Bündels von Hufeisenmagneten. Der König klopfte Steinheil danach auf die Schulter und sprach die denkwürdigen Worte: „Seien Sie froh, daß Sie nicht vor 200 Jahren gelebt haben, da hätte man Sie als Hexenmeister verbrannt“.

Bei dieser Demonstration blieb es für Steinheil allerdings. Beamtenintrigen verhinderten, daß er wenig später am Aufbau eines elektrischen Telegraphiesystems in Bayern beteiligt wurde. Auch veröffentlichte Steinheil seine Erfindung nur in einer Fachzeitschrift der „Akademie“. Der praktisch veranlagte Samuel Morse hingegen meldete seine Entwicklung umgehend zum Patent an.

Ein Modell von Steinheils Telegraphenapparat steht im Deutschen Museum.

Stattdessen erhielt Steinheil 1849 und 1851 Aufträge aus der K.u.K-Monarchie Österreich-Ungarn sowie aus der Schweiz für den Aufbau von Telegraphie-Anlagen. Die Leitungen führten u. a. bis nach Prag, Krakau, Preßburg, Budapest, Triest, Mailand und Venedig.

Auf dem Gebiet der Photographie erkannte Steinheil, daß ein Fortschritt auch und besonders von guten Objektiven abhing. So entwickelte er in enger Zusammenarbeit mit seinem Sohn Adolph (1832 - 1893) sowie dem Mathematiker Ludwig von Seidel Formeln zur präzisen Berechnung von Linsensystemen, die in die Geschichte der Optik als „Steinheilsche Methode“ eingegangen sind.

Nicht zuletzt auf Wunsch von König Ludwig I. eröffnete er dann 1855 im Schwabinger Surèsne-Schlößchen eine eigene Firma, um Instrumente selbst herzustellen. Die Firma hieß „Optische und astronomische Werkstätte von C. A. Steinheil in München“.

1862 wurde sie in die Landwehrstraße 31-33 verlegt und 1865 an die Söhne Eduard (Ingenieur) und Adolph (genannt „der große Rechenmeister“) übergeben. Sie nannte sich dann „C. A. Steinheil Söhne, optisch-astronomische Werkstätte“. Ab 1893 führte Adolphs Sohn Rudolf und ab 1930 dessen Schwiegersohn Dipl.-Ing. Ludwig Franz die Firma.

Durch die Qualität ihrer astronomischen Instrumente sowie von Photoobjektiven erwarb sich die Firma internationalen Ruhm. 1890 siedelte sie in die Lipowskystraße 2, 1937 in die St.-Martin-Straße 76 um. 1951 wurde der größte Teil dieses Areals an Siemens verkauft. 1974 übernahm die „Lear Siegler Inc.“ das Steinheilwerk, schon 1969 hatte die Übersiedlung als „Steinheil-Lear Siegler AG“ nach Ismaning stattgefunden. Gegen Ende 1995 mußte der seit 1987 als „Steinheil Optronic GmbH“ firmierende Betrieb als eines der vielen Opfer des damals härter werdenden Wettbewerbs seine Tore schließen.

Am 12. September 1870 starb Carl August Steinheil in München an einem Schlaganfall, nachdem zwei Jahre zuvor die Erhebung in den Adelsstand erfolgt war. Die Beisetzung fand auf dem Alten Südlichen Friedhof statt. Das Grabmal trägt die Inschrift „Dedit alas cogitatis - Er gab den Gedanken Flügel“.

CARL AUGUST VON STEINHEIL mit einem der optischen Instrumente, die er ab 1855 im Schwabinger Surèsne-Schlößchen herstellte. Obwohl Schwabing damals noch nicht zu München gehörte, bezeichnete sich die Werkstätte als Münchner Firma.

Justus von Liebig

Er erfand das „Erntewunder"

Die Überschriften über Beschreibungen seines Lebens und Wirkens sind plastisch: „Fleischextrakt machte ihn weltberühmt." - „Er erfand das Erntewunder." - „In der verwirrenden Welt der Chemie zuhause." Vielleicht würde Justus von Liebig (1803-1873) nicht gar so nachdenklich, fast grämlich, von seinem Denkmalsockel auf dem Münchner Maximiliansplatz herunterschauen, wenn er noch all diese lobenden Würdigungen lesen könnte.

Dabei konnte sich dieser geniale Chemiker mit mitreißender Liebenswürdigkeit geben, wenn es um die Durchsetzung seiner Sache ging, vermochte persönlichen Charme so gezielt einzusetzen, daß man ihm „Verführungskünste" zuschrieb. Das war wohl der Grund, weswegen er als 18jähriger Student in Paris dem berühmten Naturforscher Alexander von Humboldt auffiel, der ihn an den Großherzog von Hessen als einen Mann empfahl, „der dem Vaterland Ehre machen" würde.

Die Empfehlung wurde der „Grundstein meiner Zukunft", wie Liebig später schrieb, so daß er nach Studienjahren in Bonn, Paris und Erlangen schon mit 21 in Gießen außerordentlicher und mit 22 Jahren ordentlicher Professor wurde.

Dabei hatte Liebig, Sohn eines Darmstädter Drogisten und Farbenhändlers, nicht einmal Abitur, aber ein Studium war damals auch ohne die Matura möglich. Die Schule beendete er bereits in der Sekunda, weil er sich mehr mit chemischen Experimenten als mit Latein und Literatur beschäftigte und weil eines Tages aus seiner Schultasche eine knatternde Flamme aufstieg und die Lehrer fast zu Tode erschreckte. Im Wortsinn Knall auf Fall mußte er darauf die Schule verlassen.

Ein geselliger Mensch

Gepaart war bei Liebig freilich die auf Menschen wirkende Aura mit zähem Willen und einem guten Stück Streitlust, so daß sich erst dadurch der Erfolg erklärt. Dazu war Liebig von geselliger Art, liebte es, Menschen um sich zu haben. Seine große Wohnung, die ihm König Max II. Joseph samt einem eigenen „Chemischen Institut" in der Arcisstraße 1, heute Meiserstraße 1, eingerichtet hatte, war ein gesellschaftlicher Mittelpunkt der Stadt. Die regelmäßigen Freitagsgesellschaften sowie die Feste und Diners waren geradezu legendär.

Drei- bis viermal in der Woche lud der Professor Liebig zu „Whistpartien". Er habe „mit Fleiß und Eifer" dieses aus England stammende Kartenspiel „gedroschen", erzählt Luise von Kobell. Nach dem Spiel lud Liebigs Frau zum Abendessen. Für die Getränke bei diesen Soupers unterhielt Liebig einen großen Weinkeller, und zum Abschied wurde Champagner gereicht. Es ging so ungezwungen zu, daß man nicht nur „in Straßen-, Reise- oder Balltoilette" kommen konnte, sondern daß auch Ungeladene erscheinen durften. Der Diener legte für solche zusätzlichen Gäste einfach noch ein Gedeck mehr auf.

Berühmtes Nebenprodukt

Am bekanntesten in der Öffentlichkeit ist Liebigs Name durch ein Nebenprodukt: Einen Fleischextrakt, der als Genuß- und Anregungsmittel für die Verdauung konzipiert war. Anlaß war die lebensbedrohende Typhus-Erkrankung der Tochter eines Freundes. Liebigs wissenschaftliche Bedeutung ist freilich gravierender. Er war „bahnbrechend und neugestaltend auf dem Gebiet der organischen Chemie und ihrer Anwendung auf die Lebenserscheinungen der Pflanzen und Tiere und im besonderen in ihrer Anwendung auf die Landwirtschaft", wie es in der Inschrift unter seiner Büste im Ehrensaal des Deutschen Museums heißt.

Als Chemiker war Liebig der Begründer der Agrikulturchemie und als Professor legte er durch seine revolutionäre Lehrweise

JUSTUS VON LIEBIG schuf durch die Entwicklung des Kunstdüngers die Möglichkeit, auch eine dramatisch wachsende Bevölkerung mit Produkten des heimischen Pflanzenbaus zu ernähren.

den Grund zur späteren Weltgeltung der deutschen Chemie. Eine Chemie im wissenschaftlichen Sinn gab es vor ihm noch nicht. Der Chemieunterricht an den Hochschulen war praktisch nur eine Handwerksausbildung für die Söhne von Schwefelsäurefabrikanten, Färbereibesitzern und Seifensiedern. Liebig hingegen verlangte von seinen Schülern ein wissenschaftliches Studium ohne Rücksicht auf ihr späteres Gewerbe.

Der Erfolg gab ihm recht. Die Studenten folgten ihm, zumal er ein begnadeter Lehrer war. „Seine Erläuterungen chemischer Vorgänge sind klar und ohne Umschweife“, wird in Paul Schaafs Liebig-Monographie die Schilderung eines Studenten aus den USA wiedergegeben, „gelegentlich kommt er dabei auch auf seine eigenen Untersuchungen zu sprechen, wobei seine gewöhnliche Haltung noch lebhafter und seine Schilderung dramatischer wird. Seine großen Augen weiten sich, und sein Gesicht scheint zu glühen. Die Handbewegungen sind manchmal so treffend, daß ich mir einbilde, auch ein Tauber müßte sie verstehen.“

Eine große Arbeitsleistung

Dieses innerliche Glühen war wohl ein wichtiger Impetus für Liebigs ganze Tätigkeit, der Antrieb für eine ungeheure Arbeitsleistung, vor allem in dem von ihm 1825 gegründeten chemischen Laboratorium, dem ersten in Deutschland. Hier auf dem Gießner Seltersberg praktizierte er sein Arbeitsprinzip, wonach nicht naturphilosophische Spekulation, sondern Beobachtung und Erforschung zu neuen Erkenntnissen führe, und hier sowie später in München machte er seine berühmten Entdeckungen. Nach seinem Tod wurde dieses Laboratorium im Deutschen Museum nachgebaut.

Liebig entdeckte unter anderem das für die Medizin eminent wichtige Chloroform, ferner das Chloral und eine neue Klasse chemischer Verbindungen, die Aldehyde, er verbesserte die Formen organischer Elementaranalyse und schuf die Theorie der künstlichen Düngung. Angesichts eines dramatischen Anstiegs der Bevölkerungszahl, dabei aber gleichbleibender Ernteerträge, war der Kunstdünger die wichtigste Entwicklung. Liebig entdeckte, daß die Pflanzen nicht nur Licht, Wasser und Luft brauchen, sondern auch Phosphor, Kali, Kalk und Stickstoff. Doch durch regelmäßige Ernten erschöpft sich der Boden, und um seine Fruchtbarkeit wiederherzustellen, muß dem Nährstoffentzug eine Nährstoffzufuhr entsprechen: Durch künstliche Düngung.

Der Ruf nach München

Dem Ruf nach München im Jahr 1852 folgte Liebig, nachdem er zuvor Angebote aus Wien, Petersburg und Heidelberg ausgeschlagen hatte und nach 28 Jahren Gießen zu der Überzeugung gelangt war, daß „in kleinen Staaten etwas Großes nicht geschaffen werden kann".

An der Isar reihte sich Liebig in die illustre Schar der berühmten „Nordlichter" ein, die sich jede Woche in der „Grünen Galerie" der Residenz zu „Symposien" beim König einfanden. Liebig, rechts neben dem König sitzend, gehörte zusammen mit den Schriftstellern Emanuel Geibel und Paul Heyse zu den einflußreichsten „Symposiasten".

Der Hörsaal, in dem Liebig seine Vorlesungen hielt, befand sich ebenfalls in dem Gebäude an der Arcisstraße. Der Hörsaal hatte 300 numerierte Plätze und war eine Holzkonstruktion im Stil der englischen Gotik. Neben den regulären Vorlesungen hielt Liebig hier auch öffentliche Vorträge, die wegen der „Gewandtheit, seine Gedanken klar auszudrücken" (Luise von Kobell) einen enormen Zulauf hatten: Sogar Angehörige des Hofes ließen sich „freudig in das Wunderland der Naturgesetze" entführen. Zudem war Liebig bewußt auf Wirkung bedacht. Er erschien, so Carl Wurster in „Die großen Deutschen", stets „als Grandseigneur im Hörsaal, wo er sich Hut, Stock und Handschuhe von seinem Assistenten abnehmen ließ".

Auch chemische Vorführungen praktiziert der Professor in diesen Privatvorlesungen. Und ausgerechnet als einmal der König, die Königin und der spätere Prinzregent Luitpold ihm dabei andächtig lauschten, mißglückte ein Experiment. Durch umherfliegende Glassplitter wurden einige Mitglieder des königlichen Hauses leicht verletzt. Gleichwohl verhielten sich die Herrschaften

„edel und hochsinnig“, schrieb Liebig nach Göttingen an seinen Freund und Chemiker-Kollegen Friedrich Wöhler.

Bei so viel Wohlwollen lebte er sich in München schnell ein. „Bis jetzt bin ich mit meinem Tausche sehr zufrieden“, teilte er Wöhler mit, „das Leben und die Menschen gefallen uns. Es ist im ganzen ein heiteres, lebenslustiges Volk, gutartig und zuvorkommend. Wir finden eine Menge gebildete Künstler und andere, unter denen man sich leicht einen Kreis mit der Zeit auswählen kann. Mein Institut hängt beinahe gar nicht mit der Universität zusammen. Es gehört der Akademie an, und ich wohne soweit von den Professoren entfernt, daß ich wenig Verkehr mit ihnen habe, wodurch ich im ganzen kaum verliere. Meine Vorlesung ist von etwa 250 Zuhörern besucht, darunter viele Nichtstudenten, so ist Herr Oldenbourg mein sehr fleißiger Zuhörer. Ich habe das Bewußtsein, hier etwas wirken zu können.“

An einem Apriltag des Jahres 1873 legte sich Liebig im Garten seines Hauses zu einem Mittagsschlaf hin und zog sich eine Erkältung zu. Daraus entwickelte sich eine Lungenentzündung, der er am 18. April, kurz vor seinem 70. Geburtstag, erlag. Einen Tag später, einem regnerischen Sonntag, wurde er unter großer Anteilnahme der Bevölkerung auf dem Alten Südlichen Friedhof zu Grabe getragen.

Christian Reithmann

Der Uhrmacher, der einen Viertaktmotor baute

Die große Münchner Tradition im Motorenbau mit Namen wie Diesel und BMW hat auch einen bedeutenden Vergessenen: Christian Reithmann (1818-1909). Dabei war er kein Erfolgloser zu seiner Zeit, weder schrullig noch ein Außenseiter, sondern stand mit beiden Beinen im Leben, galt als angesehenes Mitglied der Kgl. Hauptschützengesellschaft und brachte es sogar zum Kgl. Bayerischen Hofuhrmacher.

Daß sein Name in München trotzdem so gut wie unbekannt ist, mag damit zusammenhängen, daß er zwar drei Jahre vor Nicolaus August Otto einen Viertaktmotor zwar konstruierte, ihn aber nicht industriell fertigte. Obwohl ein überragender Tüftler und Erfinder, fehlte Reithmann offenbar jene Besessenheit zur Perfektion, die etwa Diesel vorantrieb, und letztendlich mangelte es ihm wohl auch an einer Portion Cleverness.

Während Diesel, den Reithmann zu Beginn des Jahrhunderts noch kennenlernte, sich sendungsbewußt für die Menschheit schlechthin abmühte, bosselte Reithmann mehr oder weniger für sich und für seine Werkstatt. Und dieses Unternehmen war nicht etwa eine Maschinenfabrik, sondern ein Uhrmacherbetrieb.

Doch Uhrmacher waren früher, als die Fertigung noch ganz und gar handwerklich geprägt war und jede Uhr eine neue mechanische Herausforderung darstellte, durchaus prädestiniert für Neu- und Weiterentwicklungen: auf ihren eigenen und auf benachbarten Technikgebieten.

Berühmte Fürsprecher

Unter Reithmanns Fürsprechern befinden sich zwei herausragende Berühmtheiten: Theodor Heuss nennt Reithmann in seiner 1946 erschienenen Monographie über Robert Bosch als gleichberechtigten Erfinder des Viertaktmotors neben Otto, und Karl Benz bezeichnet in seiner 1924 verfaßten Autobiograhie sowohl Otto als auch Reithmann als Schöpfer des Viertaktmotors.

In München erinnerte 1985 die Bayerische Staatszeitung in ihrer Beilage „Unser Bayern“ an Reithmann (Walter Ackermann: „Ein Pionier des Motorenbaus“).

Der solcherart Gewürdigte behauptete einst, nicht nur den ersten Viertakt-, sondern auch den ersten Gasmotor gebaut zu haben. Auf den beiden Erinnerungstafeln, die es über ihn gibt (beziehungsweise gab), finden beziehungsweise fanden sich denn auch entsprechende Eintragungen. An seinem Tiroler Geburtshaus wird er als „Erfinder des Gasmotors“ benannt, und auf der Tafel am früheren Haus Hofstatt 8 hieß es: „In diesem Haus wohnte der Erfinder des Gasmotors Christian Reithmann in den Jahren 1863 bis 1908.“ Das Gebäude und somit auch die Tafel fielen im Zweiten Weltkrieg Bomben zum Opfer, was ein weiterer Grund für das Auslöschen der Erinnerung an Reithmann sein dürfte.

Aufbruch aus dem Dorf

Aller Bewunderung wert ist schon seine Laufbahn. Er wurde 1818 in einer so abgelegenen Gegend geboren, daß sich sein Leben normalerweise in den dortigen engen Grenzen abgespielt und vollendet hätte, im Weiler Moosbach in der Hofmark Pillersee in Osttirol. Doch Reithmanns Vater, ein „Kleinhäusler“, hatte sich bereits durch geistige Beweglichkeit über seinen Stand hinaus hervorgetan: Er arbeitete als Landuhrmacher, Mühlarzt, Maurer und Mesner. Vom Vater muß Reithmann somit schon früh sein Talent zum Konstruieren geerbt haben - und zum autodidaktischen Lernen.

Als 17jähriger erregte er in einem Nachbarort mit einem „Brillant-Feuerwerk“ Aufsehen und wurde daraufhin vom Pfarrer mit einem Empfehlungsschreiben zum Fürstbischof von Salzburg geschickt, einem Herrn Friedrich von Schwarzenberg. Der verhalf dem Häusler-Sohn zu einer Schreiner-Lehre.

Drei Jahre später gelangte der inzwischen 21jährige auf der damals üblichen Gesellen-Wanderschaft nach München. Er blieb, verdingte sich aber nicht bei einem Schreiner, sondern trat als „Mechaniker“ in das Geschäft der Uhrmacherwitwe Rotmeyer in Schwabing ein.

CHRISTIAN REITHMANN wurde von keinem Geringeren als Theodor Heuss als gleichberechtigter Erfinder des Viertaktmotors neben Nicolaus August Otto bezeichnet..

Als „Mechaniker“ hatte er seine Bestimmung gefunden, denn von nun an folgte eine fast endlose Reihe von Erfindungen. Zunächst bestanden sie aus der Entwicklung von Maschinen und Gerätschaften in der Uhrmacherwerkstatt, um die Arbeit zu erleichtern und die Produkte zu optimieren, dann griffen sie auf fremde Gebiete über. Als begeisterter Sportschütze konstruierte Reithmann etwa eine Punktmeßmaschine zum Vermessen der Schüsse.

Besonders anschaulich wurden Reithmanns Werkzeugmaschinen 1859 im „Kunst- und Gewerbe-Blatt” geschildert: „Sämtliche Maschinen waren überaus schön und rein ausgeführt, alles bis ins kleinste Detail selbsttätig . . . Die sämtlichen und delikatesten Arbeiten werden hier von Anfang bis zum Ende ausgeführt, und schon deshalb ist den auf diesen Maschinen gearbeiteten Teilen eine Gleichförmigkeit und Reinheit in der Ausführung gesichert, welche durch Menschenhände nie erzielt werden kann.“

Unermüdlicher Erfinder

Bei den „Maschinen“ handelte es sich um eine „Bohr- und Schneidemaschine“ oder „einen Universaldrehstuhl für zylindrische und konische Körper, einen Drehstuhl, um Flächen abzudrehen, eine Universalfräsmaschine, eine Räderschneidemaschine und eine Schneid- und Poliermaschine, um (Uhren-)Getriebe herzustellen“.

Während heute die Energie für alle diese Arbeitshilfen aus der Steckdose kommt, gab es damals als Antrieb nur Dampfmaschinen. Die aber kamen wegen ihrer riesigen Dimensionen für eine Uhrmacherwerkstatt nicht in Frage. Reithmann stand somit vor dem Problem, einen kleinen und billigen Motor zu konstruieren.

Es bot sich dafür ein Gasmotor an. Bemühungen, die Kraft der Explosion eines entzündeten Gas-Luft-Gemisches zur Leistung von Arbeit einzusetzen, reichten bis ins 17. Jahrhundert zurück. Die ersten erfolgreichen Konstrukteure von Gasmotoren waren dann die Franzosen Hugon (1859) und Jean Joseph Etienne Lenoir (1860). 1864 liefen allein in Paris bereits 130 Lenoir- Gasmotoren.

Reithmann wurde bereits 1848 ein „Privileg“ (Patent) auf eine „atmosphärische Luftmaschine“ ausgestellt. In einem „Apparat“ wurde dabei Luft verdichtet, die sich in einem zweiten „Apparat“ schlagartig ausdehnte, so daß ein Druck auf einen Kolben ausgeübt wurde.

In einem zweiten Motor von 1852 verwendete Reithmann dann bereits Wasserstoffgas (Knallgas), baute diesen Wasserstoffmotor aber wegen der hohen Kosten für Wasserstoffgas 1858 auf die Verwendung von Münchner Leuchtgas (Stadtgas) um. Dafür erhielt er 1860 ein „Privileg“, das aber schon 1861 wieder gelöscht wurde, weil er den Nachweis der Ausführung nicht erbracht hatte: Der Motor war vermutlich nicht betriebssicher. Und für eine Weiterentwicklung besaß Reithmann nicht genug Geld. Wegen dieser fehlenden finanziellen Basis tat sich Reithmann 1867 mit dem Glasmaler und -hersteller Max Emanuel Ainmiller zusammen. Der war Besitzer der Königlichen Glasmalerei-Werkstatt und vor allem mit einer wohlhabenden Frau verheiratet. Frau Ainmiller stellte nun Geld für einen Motorenbau in etwas größerem Stil zur Verfügung.

Pech mit der Kurbelwelle

Beim Plan blieb es allerdings. Denn 1868 bekamen Reithmann und Ainmiller zwar ein Patent auf einen neuen Gasmotor, doch bei seiner Präsentation auf einer Indstrieschau während des Oktoberfestes von 1869 brach die Kurbelwelle. Frau Ainmiller hatte daraufhin genug von derlei Experimenten und zog sich von dem Unternehmen zurück, womit auch die Zusammenarbeit Reithmann-Ainmiller beendet war.

Zwei weitere Gasmotoren waren Reithmann aber verblieben, und einen davon änderte er 1873 zu einem Viertaktmotor um. Von verschiedenen Experten, darunter Carl von Linde, erhielt diese Maschine positive Beurteilungen, sie war auch voll betriebsfähig und lief in Reithmanns Werkstatt nicht weniger als acht Jahre, doch die 1857 gegründete Augsburger Maschinenfabrik wollte ihn trotzdem nicht produzieren. Damit war das Schicksal des Reithmann-Motors als mögliches Massenprodukt besiegelt, weil

1876 Nicolaus August Otto seinen Viertaktmotor herausbrachte und ihn in seiner Fabrik in Köln-Deutz auch selbst produzierte.

Genialer Uhrmacher

Reithmanns Erfolge als Uhrmacher taten diese Mißhelligkeiten freilich keinen Abbruch. 1849 machte er sich in der Windenmachergasse selbständig und verlegte seine Werkstätte 1859 in die Augustinergasse 4. Dort baute er sogar schon elektrische Uhren, nachdem er 1865 einen elektrischen Impulsgeber für Uhrenpendel erfunden hatte. Zum „Kgl. Hofuhrmacher“ wurde er 1876 durch König Ludwig II. ernannt. 1879 baute er für Schloß Berg eine Turmuhr und konstruierte 1904 für das Glockenspiel des Münchner Rathauses das Triebwerk.

Der Hofuhrmacher war ein geselliger Mensch. Sein Stammtisch war im Spatenbräu, er ging in die Berge und spielte Gitarre und Orgel. Hochbetagt starb er im Alter von 91 Jahren. Begraben ist Christian Reithmann in München auf dem Alten Südlichen Friedhof.

Max von Pettenkofer

Einer der größten Wohltäter der Menschheit

Max von Pettenkofer war Forscher, Chemiker, Naturwissenschaftler: Der Begründer der modernen Hygiene. Die Betonung liegt auf „modern"; denn Reinlichkeitsgebote gab es schon bei den alten Griechen, den Römern, Juden und Babyloniern.

Noch im frühen Mittelalter wurde auf Körperreinigung viel Wert gelegt, hier waren die römischen Bäder Vorbild, daneben gab es das bei den Germanen bekannte Schwitzbad. Im späten Mittelalter gerieten Sauberkeit und Hygiene in Vergessenheit. Und so herrschten in München bei den sanitären Einrichtungen bis weit ins 19. Jahrhundert hinein heute unvorstellbare Zustände. Die menschliche Notdurft wurde auf Trockenaborten verrichtet, das „Nachtwasser" auf die Gasse geschüttet, es gab keine geregelte Abfuhr der Abfälle, Fäkalien wurden in Gruben gefüllt, feste Abfälle in der Nähe des Hauses als Misthaufen gestapelt und in größeren Abständen in die nähere Umgebung der Stadt gebracht und dort von den Bauern gegen Bezahlung als Dünger verwendet. Abwässer gelangten in den Boden, aus dem München zugleich sein Trinkwasser schöpfte.

Als Folge der Verschmutzungen traten epidemisch Seuchen auf, die als „Geisel Gottes" empfunden wurden: Pest, Typhus, Paratyphus, Ruhr und Enteritis. 1814 wurde zusätzlich die Cholera aus Indien eingeschleppt. 1836 - München hatte 90 000 Einwohner - brach in München mit 915 Toten die erste schwere Cholera-Epidemie aus, 1854 mit 2974 Todesfällen die nächste. Auch Königin Therese befand sich unter den Opfern. Pettenkofer und seine Tochter erkrankten ebenfalls, überlebten aber.

Pettenkofer wurde am 3. Dezember 1818 in Lichtenau im Donaumoos geboren, das erst Ende des 18. Jahrhunderts kultiviert worden war. Am Geburtshaus befindet sich eine Erinnerungstafel, auf der es heißt, Pettenkofer sei „durch seine Forschungen und Lehren auf dem Gebiete der Hygiene einer der größten Wohltäter der Menschheit" gewesen. Im Hof vor dem Haus steht außerdem eine Büste.

Pettenkofers Vater Johann Baptist arbeitete zunächst als Zöllner an der Grenze zwischen Kurbayern und Bayern-Neuburg und kehrte nach dem Wegfall dieser Grenze im Königreich zu den bäuerlichen Wurzeln der Vorfahren zurück. Es befanden sich aber auch Weinhändler, ein Deutschordensvogt und ein Bürgermeister von Berching unter den Ahnen.

Und ein Bruder des Vaters brachte es 1823 - mit Dienstwohnung in der Residenz! - sogar zum Hofapotheker in München, nachdem er 1812 als Oberfeldapotheker den Rußland-Feldzug Napoleons mitgemacht und überlebt hatte. Dieser Mann, von den Neffen stets respektvoll „Herr Onkel" genannt, war verheiratet, aber kinderlos, und so nahm er nacheinander vier Kinder seines Bruders, auch den kleinen Max, zu sich nach München und ließ ihnen eine Gymnasialausbildung zukommen.

Zwischenspiel am Theater

1837 schloß Pettenkofer das Gymnasium mit Auszeichnung ab, studierte auf Wunsch seines Onkels Naturwissenschaften an der Münchner Universität und trat 1839 als Lehrling in die Hofapotheke ein. Ins Jahr 1840 fiel dann ein eigenartiges Zwischenspiel. Angeregt von der Mitwirkung bei einer Studentenbühne, fühlte er sich offenbar zum Schauspieler berufen und betätigte sich unter der Künstlerbezeichnung „Tenkof", dem Mittelteil seines Namens, ein halbes Jahr auf den Bühnen von Regensburg und Augsburg - bis er einmal in Friedberg eine bereits seit langem angebetete Kusine namens Helene besuchte.

Sie versprach, ihm „Herz und Hand zu schenken", wenn er wieder „ein ordentlicher Mensch" würde. Pettenkofer kehrte reumütig in die Münchner Hofapotheke zurück. Fünf Jahre später heiratete er seine Helene, „das Zauberlicht, das mich schon als Knabe geblendet hat".

1843 bestand er das Approbationsexamen als Apotheker und wurde zum Doktor der Medizin, Chirurgie und Geburtshilfe promoviert. Als Beruf reizte ihn die Medizin aber wenig, dazu war der Zustand der Medizin immer noch zu rückständig.

Zur Chemie zog es Pettenkofer, in der Apotheke hatte er schon öfters kleinere Experimente gemacht. Freilich gab es zu jener Zeit in München keine Lehr- und Ausbildungsstätte für Chemie, und so kamen nur Würzburg und Gießen in Frage: dort der Justus von Liebig-Schüler Johann-Josef Scherer, in Gießen das berühmte Laboratorium von Liebig selbst. Aus dem einen Semester 1844 in Gießen entwickelte sich dann eine lebenslange Freundschaft zu Liebig.

In Würzburg machte Pettenkofer seine erste wichtige Entdeckung: Er analysierte den Harnstoff Kreatinin, dessen Ausscheidungsmenge im Harn Rückschlüsse auf die Nierenfunktion ermöglicht.

Nach der Rückkehr nach München folgte zunächst eine Anstellung als Assistent am Hauptmünzamt, bis 1847 König Ludwig I. Pettenkofer zum außerordentlichen Professor für medizinische Chemie an der Universität ernannte. Es war der Dank des Königs für zwei spektakuläre chemische Arbeiten Pettenkofers: Es gelang ihm, das prächtige Rot von antiken Gläsern nachzumachen, die der König aus Pompeji mitgebracht hatte, und er hatte ein Verfahren entwickelt, das Gold von alten Kronentalern, die umgemünzt werden sollten, von den anderen Metallbestandteilen zu trennen. Die Münze hatte dadurch viel mehr Feingold als erhofft gewonnen.

Der nächste wichtige Auftrag kam 1850 folgerichtig vom königlichen Hof. Pettenkofer sollte den Grund für die Trockenheit der Luft in der Residenz herausfinden, nachdem dort unter erheblichem Aufwand und großen Kosten eine Luftheizung nach dem Vorbild der römischen Hypokaustenheizung eingebaut worden war. Er wies nach, daß die Austrocknung durch den größeren Luftwechsel entstand. Das Aufstellen von wassergefüllten Schalen konnte Abhilfe schaffen.

Das Ereignis, das dann Pettenkofers wissenschaftliche Ausrichtung zur Hygiene brachte, war die Choleraepidemie von 1854. An der Cholera kamen im 19. Jahrhundert weitaus mehr Menschen um als durch Kriege. Schon seit 1848 gab es in München unter der Leitung des Arztes und Universitätsprofessors Johann Ringseis (1785 - 1880) und mit dem gerade 30jährigen Pettenkofer als Mitglied eine „Kgl. Kommission für die wissenschaftliche Erforschung der indischen Cholera“. Die Kommission war nun um Aufklärung der Ursachen gefordert.

Die Hauptarbeit leistete Pettenkofer, seit 1854 ordentlicher Professor und seit 1850 als Nachfolger seines Onkels auch Hofapotheker. Er ging dabei vor wie ein Kriminalist, er ermittelte vor Ort. Systematisch suchte er die Häuser und Stadtteile mit Cholerafällen auf, und das waren in der Regel die Viertel der Armen, kein Professor hatte zuvor so etwas gemacht. Er fand heraus, daß Cholera dort auftrat, wo der Boden feucht, porös und tiefgelegen war und sich Exkremente „fein“ im Erdreich verteilten. Zumal bei hochstehendem Grundwasser würden dann Giftstoffe aus dem Erdreich, sogenannte „Miasmen”, ausgeschwemmt, welche die Krankheit verursachten.

Im Trinkwasser sah er allerdings „kein ursächliches Element für die Cholera“, fuhr indes fort: „Damit will ich aber nicht ausgesprochen haben, daß es bei einer Cholera-Epidemie gleichgültig ist, ob die Bevölkerung gutes oder schlechtes Wasser zu trinken habe“.

„Gutes Wasser ein Genußmittel”

Gutes Wasser bedeutete für ihn nicht nur eine Forderung der Hygiene, sondern Wasser zählte für ihn überhaupt zu den „allernatürlichsten und unschuldigsten Genußmitteln“. Er forderte deshalb eine zentrale Wasserversorgung aus Quellen des Alpenvorlandes. Außerdem setzte er sich nach anfänglichem Zögern ab 1870 für eine Sanierung des Bodens durch Beseitigung der Versitzgruben und für den Bau einer Schwemmkanalisation ein. Die Fäkalien sollten über ein neues Kanalnetz in die Isar geschwemmt werden. Sein anfängliches Zögern hing mit der Befürchtung zusammen, die Rohre der Kanalisation würden so undicht sein, daß noch mehr Abwässer als zuvor in den Boden sickern würden.

Mikroorganismen als Erreger der Cholera schloß er zu jenem Zeitpunkt allerdings aus, dazu war er zu sehr Chemiker, und zudem steckte die Bakteriologie noch in den Kinderschuhen.

Aus diesen zum Teil falschen Schlüssen und Ansichten zog Pettenkofer freilich die richtigen Folgerungen: Daß es mit der Behandlung von Krankheiten zu spät sei, sobald sie einmal ausgebrochen waren. Wichtiger und erfolgversprechender sei Vorbeugung. Es gelte vor allem, die Gesundheit zu erhalten, und dies auf wissenschaftlicher Basis, dann würden auch Krankheiten zurückgedrängt. Die Lehre von der *Gesundheitspflege als Wissenschaft* war geboren, von der Hygiene. Das war neu und revolutionär, bis dahin beschäftigten sich die Ärzte nur mit der Krankheit selbst.

Dabei verstand Pettenkofer Hygiene umfassend: „Zur Hygiene gehört alles, was zur Erhaltung und Stärkung dessen beiträgt, was man Gesundheit nennt".

In der Folgezeit erforschte er sowohl die Vorgänge im gesunden Körper als auch die auf den Menschen einwirkenden Umweltfaktoren: Wohnung, Ernährung, Kleidung und nicht zuletzt das soziale Umfeld. Als Wahlspruch der Hygiene gab er aus: „Gottesfurcht, Reinlichkeit, Wohltätigkeit". U. a. setzte er sich für die Einrichtung von Volksküchen für Arme ein.

Seine spektakulärste Forschungsarbeit war ein „Respirationsapparat": eine aus Blech bestehende, von der Außenwelt abgeschlossene Atemkammer von 100 qm Grundfläche, in der sich eine Versuchsperson aufhielt. Die ein- und ausfließende Luft wurde genau erfaßt und analysiert, ebenso konnten durch die exakte Bestimmung von Nahrungszufuhr und Ausscheidung die Stoffwechselvorgänge im Menschen in Ruhe und Arbeit, Schlaf und Wachzustand, bei jungen und älteren Menschen erfaßt werden. Pettenkofer und sein Assistent und Freund Carl von Voit (1832 - 1908) schufen durch diese jahrelangen Versuche, wie dies in den Pettenkofer-Biographien von Karl Kisskalt und Harald Breyer geschildert wird, die Grundlagen der modernen Ernährungslehre.

Was seine Vorschläge für gesundes Wasser anging, blieb es freilich zunächst bei der sowieso seit langem geplanten Erfassung von Quellen in Thalkirchen. 1865 wurden sie im Sendlinger „Pettenkoferbrunnen“ zusammengeführt.

Erst nach einer weiteren Typhus-Epidemie 1872 mit 400 Toten wurde die Stadt mit umfassenden Maßnahmen aktiv: 1883 sprudelte in München zum ersten Mal Wasser aus dem Mangfalltal. Bis die Bedenken gegen die Schwemmkanalisation, samt Protesten der isarabwärts gelegenen Städte Freising, Moosburg und Landshut, ausgeräumt worden waren, dauerte es allerdings noch bis 1890.

Eine weitere Reinlichkeitsmaßnahme, die Pettenkofer für notwendig erachtete, war der Bau eines Zentralschlachthofes. Er ersetzte 1878 die vielen Einzelschlachtstellen bei Metzgereien und Wirten, deren Abfälle in Gruben oder in die Stadtbäche gekippt wurden.

Mit zunehmendem Ansehen reifte in Pettenkofer immer stärker der Gedanke, die Hygiene an der Universitäten zum Pflicht- und Examensfach zu machen. Zunächst gab es unter den Professoren Widerstände, dann half der neue, gerade 19jährige König Ludwig II. Im Rahmen einer Audienz - Pettenkofer war zum Rektor der Universität gewählt worden - fragte Ludwig, ob Pettenkofer einen Wunsch habe. Der brachte sein Anliegen vor, und noch im selben Jahr 1865 wurde ein Lehrstuhl für Hygiene eingerichtet - der erste in Deutschland.

Hohe Ehrungen

Dem Ordinariat schlossen sich weitere Ehrungen an: 1872 Ehrenbürger von München, 1876 Berufung an das neugegründete Reichsgesundheitsamt in Berlin, 1890 Präsident der Bayerischen Akademie der Wissenschaften, 1893 Goldene Bürgermedaille von München, 1896 der Titel „Exzellenz“. Zwei Berufungen nach Wien und Berlin lehnte Pettenkofer ab - er wollte in München bleiben.

Zugleich mußte er aber erleben, wie Robert Koch (1843 - 1910) 1882 den Tuberkel- und 1884 den Cholerabazillus und damit die wirkliche Ursache dieser Krankheiten entdeckte. Bei Untersuchungen während der verheerenden Cholera-Epidemie in

Hamburg 1892 fand Koch zudem die Rolle des Trinkwassers als Übertragungsherd heraus.

Doch Pettenkofer war immer noch nicht überzeugt. Um zu zeigen, daß die Bazillen allein nicht imstande seien, die Krankheit hervorzurufen, unternahm er am 7. Oktober 1892 im Hygienischen Institut in der damaligen Findlingstraße seinen berühmten Selbstversuch mit Cholerabazillen. Es zeigten sich nach der Einnahme nur geringe Krankheitssymptome, das Kochsche Institut hatte ihm eine nur schwach virulente Kultur geschickt, weil man sich dort schon dachte, was er vorhatte.

Pettenkofers spätere Jahre waren überschattet vom frühen Tod zwei seiner Söhne. 1890 starb auch seine Frau, an Tuberkulose. Immer häufiger und länger anhaltend stellten sich Depressionen ein, auch quälte ihn das Nachlassen der geistigen Kräfte. Im Januar 1901 erlitt er eine schmerzhafte Halsentzündung. „Ich halte es nicht mehr aus, ich werde verrückt, ich werde ein Trottel“, rief er aus. Am 10. Februar 1901 erschoß er sich mit einem Revolver, den er tagszuvor gekauft hatte.

MAX VON PETTENKOFER sorgte mit seinen Forschungen und Erkenntnissen zur Hygiene für die Wiederentdeckung lange verschütteten Wissens. Schon im alten Rom hatte es eine Wasserversorgung über neun Aquädukte sowie eine Abwasserkanalisation, die „cloaca maxima", gegeben.

Wilhelm Bauer

Der frühe Traum vom Tauchen

Lange gehörte Wilhelm Bauer zu den vergessenen Münchner Erfindern. Erst 1968 holte ihn das Deutsche Museum mit einer Abhandlung aus der Versenkung (Albert Röhr: „Wilhelm Bauer - Ein Erfinderschicksal"), und eine weitere, reich illustrierte Darstellung erschien 1987 (Rudolf Majonica: „Ein Seehund aus Eisen"). Gleichwohl ist den meisten Münchnern nach wie vor nicht bekannt, daß auf dem Alten Nördlichen Friedhof der Konstrukteur der ersten U-Boote beerdigt ist. Eine halb von Efeu überwachsene Steinplatte im Gras ist das Grab. Elfi Zubers Friedhofsführer hilft beim Auffinden.

Die lange Vergessenheit dürfte drei Gründe haben: Bauer verfügte zwar über einen genialen Erfindungsreichtum, galt aber als schwierig und vermochte keinen fähigen oder wohlhabenden Mitstreiter aufzutun. Er blieb Zeit seines Lebens ein Einzelkämpfer - allerdings mit der Betonung durchaus auf „Kämpfer": Er gab nie auf. Zum anderen war er seiner Zeit voraus: Da es seinerzeit noch keinen brauchbaren Motor für ein U-Boot gab, mußten seine Tauchboote über Treträder von Menschenkraft angetrieben werden. Deshalb war ihr praktischer Wert beschränkt. Und schließlich erlebte Bauer mit nicht wenigen seiner Unternehmungen im Wortsinn Schiffbruch; mehrmals hatte er in entscheidenden Momenten Pech.

Vom Pech verfolgt

Daß ihm manches nur *beinahe* gelang, begann bereits bei seiner Geburt: Mit dem Geburtsdatum 23. Dezember 1822 war er fast ein „Christkindl". Sein Vater, ein aus dem Fränkischen stammender Berufssoldat im Rang eines Korporals, war gerade in Dillingen an der Donau stationiert. 1827 kam die Familie nach München.

Da es den Sohn früh zu mechanischen Dingen zog, absolvierte er eine Drechslerlehre. Richtungsweisend für seine Laufbahn als Erfinder wurde seine damals übliche Gesellen-Wanderschaft. Sie führte ihn bis nach Lübeck, Hamburg und Bremen. Bauer sah das Meer - und er sah Schiffe!

Weil er nach der Rückkehr in München keine Anstellung in seinem Beruf fand, ging er ebenfalls zum Militär, zu den Chevauxleger. Er hatte den Rang eines Unteroffiziers. In seiner Freizeit vervollkommnete er im Selbststudium seine mathematischen, physikalischen und chemischen Kenntnisse.

Während des ersten Krieges zwischen Preußen und Dänemark um Schleswig-Holstein von 1848 bis 1850 entsandte auch Bayern ein Korps zum Einsatz gegen Dänemark. Bauer war als Freiwilliger im Raum Düppel auf der Insel Alsen dabei. Hier kam ihm der Gedanke, die einzige von den Dänen verteidigte Brücke nach Sonderborg auf Alsen zu sprengen. Für das unbemerkte Anbringen einer Sprengladung unter Wasser an den Brückenpfeilern erschien ihm ein Tauchboot am geeignetsten.

Das Projekt blieb ein Plan, weil der Krieg bald zu Ende war. Aber der Gedanke an das Unterwasserboot ließ Bauer nun nicht mehr los und bestimmte fortan sein ganzes Denken und Handeln. In einem Schiff unter Wasser beliebig sinken und steigen zu können - das war sein Traum.

Dem Traum gefolgt

Die Realisierung konnte jedoch nur am Meer geschehen. Also schied er aus dem bayerischen Heer aus und trat 1850 in das von Schleswig- Holstein ein (das damals zu Dänemark gehörte). Hier fertigte er Konstruktionszeichnungen für einen „Submarineapparat" namens Brandtaucher. Er legte sie dem Kriegsministerium in Kiel vor und erhielt Geld für ein Modell im Maßstab 1:24, 70 Zentimeter lang, 18 Zentimeter breit, 29 Zentimeter hoch. Der Rumpf bestand aus Kupferblech, für Tauch- und Auftauchmanöver waren zwei Zylinder zur Aufnahme des Wasserbalastes vorgesehen, die mit Hilfe beweglicher Kolben geflutet oder gelenzt werden konnten. Ein Uhrwerk bewirkte das Drehen der Antriebsschraube.

Als Erfinder genial, aber häufig vom Pech verfolgt war der lange vergessene U-Boot-Konstrukteur WILHELM BAUER.

Bei der Vorführung im Kieler Hafen konnte das Modell tauchen und auftauchen wie ein Seehund, es fuhr fünf Minuten unter Wasser. Die Prüfungskommission war beeindruckt, hatte für ein größeres Boot gleichwohl kein Geld. Aus Verärgerung zerstörte Bauer das Modell in einer für ihn nicht untypischen impulsiven Handlung.

Dieses „subordinationswidrige" Verhalten aber machte wiederum den Oberbefehlshaber des schleswig-holsteinischen Armee, einen General von Willesen, auf Bauer aufmerksam. Willesen erließ einen Spendenaufruf für den Bau des Brandtauchers.

Versehen mit Folgen

Allerdings kam nicht genügend Geld zusammen, so daß an allen Ecken und Enden gespart werden mußte: Bei der Stärke von Rumpf und Spanten und bei der technischen Ausstattung. Außerdem ließen Werftarbeiter bei abschließenden Arbeiten einen Tag vor dem ersten Tauchversuch versehentlich 75 Kilogramm zuviel Ballastgewicht an Bord zurück - was Bauer nicht auffiel.

Durch dieses (Über-)Gewicht ergaben sich Abweichungen vom ebenen Kiel, so daß während dieses ersten Tauchversuchs am 1.Februar 1851 im Kieler Hafen beim Fluten Wasser ins Boot strömte. Zudem traten in der Außenhaut Undichtigkeiten auf, die Lenzpumpen schafften es nicht mehr, das viele Wasser aus dem Boot zu bekommen, und es sackte 15 Meter tief auf den Grund des Kieler Hafens ab.

Volle sechs Stunden dauerte es, bis der notwendige Druckausgleich erreicht war, sechs Stunden Todesangst, dann gelang Bauer und seinen zwei Besatzungsmitgliedern der Ausstieg. Bei der Abnahmekommission am Ufer sprach man bereits Worte des Gedenkens für die vermeintlich Ertrunkenen.

Rückblickend ist man sich heute einig, daß der Brandtaucher im Prinzip das erste funktionsfähige U-Boot war und daß seine Erprobung nur wegen der Materialsparmaßnahmen aus Geldmangel sowie wegen der Nachlässigkeit der Werft mit einer Havarie endete.

Der gesunkene Brandtaucher wurde erst 1887 gehoben und restauriert. 1906 kam er ins Museum für Meereskunde in Berlin, 1950 nach Rostock und 1965 ins Armeemuseum der DDR in Dresden. Im Münchner Deutschen Museum steht ein Modell im Verhältnis 1:10. - Der Brandtaucher war 8,07 Meter lang, 2,01 Meter breit und einschließlich des Turms 3,51 Meter hoch. Er wurde über zwei Treträder durch zwei Besatzungsmitglieder angetrieben.

Bauer kehrte zurück nach München, baute zwei weitere, verbesserte Modelle im Maßstab 1:12 und bot sie nacheinander Bayern, Österreich, England und Frankreich an. Zur Besichtigung erschien in München König Max II. Joseph, im österreichischen Triest Kaiser Franz Joseph I., in England die Queen Victoria und ihr deutscher Prinzgemahl Albert und in Paris Kaiser Napoleon III.

In England „Erfolg"

Erfolg hatte Bauer in England. Es kam zu einem Vertrag über den Bau eines großen „Tauchschiffes". Aber als sich Bauer das auf englisch abgefaßte Papier übersetzen ließ, stellte er fest, daß es für ihn nur Nachteile enthielt. So packte er seine Konstruktionspläne zusammen und verließ fluchtartig das Land. Ohne diese Pläne wurde das Boot nach Bauers Abreise zu Ende gebaut. Es sank mit Mann und Maus schon während der ersten Probefahrt.

Die Kunde vom Bau eines Tauchbootes in London war aber inzwischen nach Rußland gelangt, das sich gerade im Krimkrieg gegen England, Frankreich und die Türkei befand. Von einem eigenen Tauchboot erhoffte man sich in St. Petersburg militärische Vorteile. So erhielt Bauer 1855 eine Einladung. Auftraggeber in St. Petersburg war ein Sohn von Zar Nikolaus I. persönlich, Großfürst Konstantin. Am 1. November 1855 lief Bauers drittes Tauchboot vom Stapel: Der Seeteufel. 16 Meter lang, 3,4 Meter breit und 3,7 Meter hoch.

Bauer unternahm damit nicht weniger als 133 Erprobungsfahrten, davon viele unter Wasser. Der Seeteufel hatte eine Besatzung von 13 Mann, konnte 15 Meter tief tauchen und war ebenfalls von Menschenkraft angetrieben.

Die 134. Fahrt vor der Festung Kronstadt am 2. Oktober 1856 sollte der erste militärische Test werden. Doch während des Unterwasserlaufs verwickelte sich schwimmendes Tauwerk in der Schraube, und das Boot sank. Später wurde es gehoben und Bauer überlassen, der es verschrotten ließ. Er kehrte nach München zurück, zusammen mit einer Schweizerin, die er am 8. Juni 1856 in St. Petersburg geheiratet hatte.

In Bayern vollbrachte Bauer noch zwei spektakuläre Aktionen: Das Heben des Wracks des Dampfers „Ludwig" im Bodensee mit Hilfe von luftgefüllten Fässern und Ballons sowie am 18. März 1866 im Starnberger See den ersten scharfen Kanonenschuß unter Wasser. Das Unterwassergeschütz war als kriegswichtige Waffe gedacht. Das Abfeuern des Schusses klappte, aber die zwölf Kilogramm schwere Kugel flog ausgerechnet in Richtung des Starnberger Bahnhofs, wo gerade ein Zug einlief und die Passagiere sich erheblich erschreckten.

Die jahrzehntelange Überbeanspruchung seines Körpers, vor allem durch Unterwasserfahrten, hatten Bauers Kräfte frühzeitig aufgebraucht. Auch war er verarmt und lebte zuletzt nur noch von einer kleinen Pension, die ihm König Ludwig II. ausgesetzt hatte. Am 20. Juni 1875, gegen 12 Uhr, starb er, als gerade eine militärische Einheit mit klingendem Spiel vor seiner Wohnung in der Theresienstraße vorbeimarschierte.

Die Wohnung war im Haus Theresienstraße 46/ Ecke Türkenstraße. Am Haus befand sich bis zu dessen Zerstörung bei einem Bombenangriff im 2. Weltkrieg eine Gedenktafel mit dem Text: „In diesem Haus lebte und starb Wilhelm Bauer, der Erfinder und wagemutige Führer des ersten Unterseebootes. 23. Dezember 1822 - 20.Juni 1875". Auf dem Grab im Alten Nordfriedhof stand früher eine Säule mit einer Bauer-Büste. Als die Säule irgendwann umstürzte, wurde die Büste ins Deutsche Museum gebracht. In Bauers Geburtsort Dillingen gibt es im Stadt- und Hochstiftsmuseum einen „Wilhelm-Bauer-Raum".

Georg von Krauss

Lokomotiven für 105 Spurweiten

Er stammte aus einfachen Verhältnisssen, weswegen sein Aufstieg zum Erfinder und Unternehmer um so bemerkenswerter war: Georg von Krauß (1826 - 1906), der Gründer der in der zeitlichen Reihenfolge zweiten großen Münchner Lokomotivenfabrik neben jener von Maffei. Sie erlangte ebenfalls Weltruf. Krauß wurde in Augsburg geboren, besuchte dort die polytechnische Schule und lernte Schlosser - und dies im besten Münchner Betrieb, den es dafür seinerzeit gab: bei Maffei in der Hirschau.

Anschließend ging er zur Kgl. Bayer. Staatsbahn, arbeitete sich dort zum Obermaschinisten hoch und war in dieser Stellung für die gesamte Betriebsleitung der Eisenbahnbezirke Kempten und Lindau verantwortlich. Von 1857 bis 1866 hatte er als Maschinenmeister die gleiche Aufgabe bei der Schweizerischen Nord-Ostbahn in Zürich, und in bahneigenen Werkstätten begann er, seine Ideen über die Konstruktion von Lokomotiven zu verwirklichen.

Marktlücke „Sekundärbahnen"

1866 kehrte er nach München zurück und gründete hier am 17. Juli 1866 auf dem Münchner Marsfeld die „Lokomotivfabrik Krauss & Comp.“ (Die von Krauß' Namen abweichende Schreibweise der Firma war somit von Anfang an gegeben). Joseph Anton von Maffei leistete heftigen Widerstand gegen die drohende Konkurrenz, aber Krauß setzte sich durch. Da die Eisenbahnen seit 1844 staatlich waren, bedeutete ein Standort in der Haupt- und Residenzstadt einen wichtigen Vorteil.

Krauß sah auch gleich eine Marktlücke: „Sekundärbahnen“. Bis dahin waren die Eisenbahn-Hauptstrecken gebaut worden, jetzt standen die zahlreichen Neben- und Zubringerstrecken an, die „Localbahnen“. Um sie auch bei geringem Verkehrsaufkommen wirtschaftlich betreiben zu können, mußten sie in der Anlage des Bahnkörpers, in den Betriebsmitteln und in der Unterhaltung so einfach und preiswert wie möglich sein. „Die in der Schweiz gebauten Lokomotiven", so die Krauss-Maffei-Firmengeschichte „150 Jahre Fortschritt durch Technik" von 1988, „entsprachen diesen Vorstellungen".

Krauß hatte eine Lokomotive konstruiert, die beim Wassertank Gewicht sparte, was wiederum der Ausführung eines leistungsfähigeren Kessels zugute kam. Noch im Gründungsjahr 1866 bekam er von der Großherzoglich Oldenburgischen Staatsbahn den ersten größeren Auftrag für Lokomotiven nach dem „System Krauss".

Gleich die erste Lokomotive, die fertiggestellt wurde und die Bezeichnung „Landwürden" erhielt, wurde auf der Weltausstellung von 1867 in Paris mit der Großen Goldenen Medaille ausgezeichnet - damals ein enormer Reklamewert. Die „Landwürden" legte bis 1900 nicht weniger als 860 000 km zurück und steht heute im Deutschen Museum, zu dessen Gründungsvätern Krauß gehörte. Für den Bau des Museums stiftete er die damals erhebliche Summe von 100 000 Goldmark.

Dampftramway mit Krauss-Lok

Krauß war nicht nur ein genialer Konstrukteur, sondern auch ein guter Unternehmer. Er praktizierte eine große Produktflexibilität: Die Firma baute Lokomotiven für nicht weniger als 105 Spurweiten, darunter auch für Lokomotiven für Dampf-Straßenbahnen. Die Münchner „Dampftramway" vom Hauptbahnhof nach Nymphenburg fuhr selbstverständlich mit einer Krauss-Lok. Eine Dampftram ist sogar erhalten geblieben: Die 1887 gebaute Chiemseebahn vom Bahnhof Prien zum Seeufer.

Weil die schnell wachsende Stadt München die Fabrik auf dem Marsfeld bald eingeholt hatte und es dort keine Expansionsmöglichkeiten mehr gab, wurden Filialbetriebe in Sendling (1872 - 1924) und in Linz/Österreich (1880 - 1917, nach Besitzwechsel 1930 stillgelegt) eröffnet. Außerdem kaufte man bereits um die Jahrhundertwende ein großes Gelände in Allach, wohin 1907 als erster Betriebsbereich die Gießerei verlegt wurde. Es ist der Standort der heutigen Krauss-Maffei AG.

Georg von Krauß zog sich 1886 aus der Leitung der Firma als persönlich haftender Gesellschafter zurück, nachdem sein einziger Sohn Konrad 1885 auf einer Dienstreise in Antwerpen tödlich verunglückt war. Die Fabrik wurde in eine Aktiengesellschaft umgewandelt, Krauß ging in den Aufsichtsrat. Als man 1904 die 5000. Lokomotive ablieferte - die Fabrik hatte inzwischen 1500 Mitarbeiter - erhielt Krauß das Ritterkreuz des Verdienstordens der Bayerischen Krone, verbunden mit dem persönlichen Adel. Eine weitere Ehrung war die Verleihung des Dr.-Ing. h. c. durch die Technische Hochschule München.

Krauß starb 1906 kurz vor der Grundsteinlegung des Deutschen Museums. Die Grabrede auf dem Alten Nordfriedhof hielt Oskar von Miller.

Frühe soziale Verantwortung

Neben seinem Engagement für das Deutsche Museum hatte sich Krauß auch in einer damals noch seltenen sozialen Verantwortung um seine Mitarbeiter gekümmert. Es gab in seiner Fabrik einen Arbeiter-Unterstützungsfonds, eine Krauss'sche Arbeiterwitwen- und Waisen-Stiftung und eine Pensionskasse der Angestellten.

Nachfolger von Krauß als Vorsitzender des Aufsichtsrates wurde der Kältetechnik-Pionier Carl von Linde, der ab 1866 als junger Ingenieur einige Jahre als „rechte Hand“ von Krauß beim Aufbau und der Leitung des Werkes mitgearbeitet hatte. Eine weitere bedeutende Persönlichkeit in der Fabrik war der mit dem Firmengründer nicht verwandte Landesbaurat Hans Georg Krauss. Er kam von Maffei und stellte die Weichen bei Krauss und später bei Krauss-Maffei von 1916 bis 1944.

Die Vereinigung der einstigen Konkurrenten Krauss und Maffei zur „Lokomotivfabrik Krauss & Comp. - J. A. Maffei AG München“, heute „Krauss-Maffei AG“, erfolgte zum 1. Januar 1931. Übernehmende Firma war die „Krauss & Comp. AG“, deren Aktienmehrheit zuvor die Deutsche Bank und Diskonto-Gesellschaft übernommen hatte. Anschließend wurde die Errichtung des „Neuwerks“ in Allach komplettiert.

Den Abschluß der Verlagerung nach Allach nahm man zum Anlaß, das 100jährige Firmenjubiläum bereits 1937 zu feiern, heute gilt 1838 als Gründungsjahr. Ein erster Bauabschnitt war in Allach bereits 1922 vollendet worden. Die Maffei-Gebäude in der Hirschau wurden in den fünfziger Jahren bis auf den letzten Stein abgebrochen. Von der Fabrik auf dem Marsfeld steht noch das einstige Verwaltungsgebäude an der Arnulf-/Ecke Helmholtzstraße. Es stammte aus den frühen zwanziger Jahren und war 1938 an die Reichsbahn verkauft worden. Richard von Helmholtz war einer von Krauß' Ingenieuren.

Heute ist die Krauss-Maffei-Gruppe ein HighTech-Konzern mit den Tätigkeitsbereichen Kunststofftechnik, Verfahrenstechnik, Verkehrstechnik, Oberflächentechnik (Lasertechnik zur Metallbearbeitung), Automationstechnik und Wehrtechnik.

GEORG VON KRAUSS gründete 1866 eine Lokomotivenfabrik, die mit zahlreichen Innovationen Erfolg hatte. In der Zeit nach der Vereinigung mit Maffei war eine wichtige Neuerung 1946 der erste in Deutschland serienmäßig hergestellte Omnibus mit Heckmotor-Anordnung.

Carl von Linde

Der Pionier der Kältetechnik

Die Person von Carl von Linde ist überragend in der deutschen Technik-Geschichte. Kaum eines anderen Leben und Werk stellt eine so gelungene Verbindung von Wissenschaftler, Techniker und Unternehmer dar: Carl von Linde (geboren am 11.6.1842 in Berndorf/ Franken, gest. 16.11.1934 in München) war der wichtigste Pionier der Kältetechnik. Er hat den „Kühlschrank" nicht erfunden, wie bisweilen verkürzt berichtet wird, aber er hat die „Kältemaschinen" so perfektioniert, daß sie „in Leistung und Betriebssicherheit das bis dahin erreichte Maß überschritten", wie Linde 1916 in seiner Autobiographie schrieb („Aus meinem Leben und von meiner Arbeit"). Linde lehnte es ab, „Vater der Kältetechnik" genannt zu werden, aber tatsächlich begann erst mit der von ihm konstruierten „Kälteerzeugungsmaschine" nach dem Kompressionsverfahren und mit Ammoniak als Kühlmittel die Kühltechnik ihren Siegeszug - zunächst in Brauereien, Fleischkühl- und Gefrieranlagen, in der chemischen Industrie, Molkereien, Butter- und Schokoladefabriken und schließlich auch in Privathaushalten.

Das „fruchtbarste Feld der Erde für die Kältetechnik" (Linde) wurden die USA, wo es schon in den zwanziger Jahren des 20. Jahrhunderts eine Serienherstellung von „Frigidaires" gab. In Deutschland fand der Kühlschrank erst nach dem Zweiten Weltkrieg breiten Eingang in die Haushalte.

Dabei wollte Linde als Jugendlicher zunächst Schriftsteller werden. Den Unterricht am humanistischen Gymnasium in Kempten, wo sein Vater evangelischer Pastor war, ließ er nur mit „Unlust" über sich ergehen, doch zugleich lernte er in der Baumwollspinnerei einer befreundeten Familie erstmals Maschinen kennen. Linde: „Insbesondere die großen Kraftmaschinen - Turbinen und Dampfmaschinen - zogen mich mächtig an und übten eine Wirkung aus, die für meine Berufswahl entscheidend geworden ist."

Nach dem Abitur widersetzte er sich dem väterlichen Wunsch, Theologe zu werden, weil ihm dazu die nötige „Überzeugung" fehlte, und wandte sich vielmehr den „concreteren Wissenschaften" zu: 1861 bis 1864 studierte er am Zürcher Polytechnikum Maschinenbau. Ein älterer Bruder war nach einer Ausbildung an den Ingenieurschulen von Augsburg und München bereits Maschinenbauer.

Weil Carl von Linde in einen Konflikt der Studentenschaft mit dem Rektor hineingezogen wurde, mußte er das Studium ohne Diplom beenden, erhielt aber als - wertvollen - Ersatz Empfehlungsschreiben seiner Professoren.

Das Studium veränderte ihn. Er war nicht mehr „unlustig" wie am Gymnasium, sondern zielstrebig, konzentriert auf die anstehenden Aufgaben, beharrlich und ausgestattet mit Führungsqualitäten. Mehrmals fungierte er für die Studenten als „offizieller Redner". Weitere Eigenschaften, die sich aus der Autobiographie herauskristallisieren, waren Selbstbewußtsein, analytischer Verstand, kaufmännisches Gespür und praktische Veranlagung.

Jahre des Aufbaus

Im Studium machte er auch Bekanntschaft mit der Wärme- und damit auch der Kältelehre: „Als ich von ihm (dem Professor) erstmals die Verhältnisse erörtern hörte, welche zwischen Wärmeaufwand und Arbeitsproduktion bestehen, gewann ich einen starken Eindruck, der niemals aufgehört hat, meine Gedanken zu beschäftigen. Und als Zeuner (der Professor) hieran anknüpfend die Theorie der Wärmekraftmaschinen behandelte, da wurde der Grund gelegt, auf welchem mein hauptsächliches Lebenswerk verankert war."

Der erste Kontakt mit München ergab sich 1864 nach Beendigung des Studiums sowie nach einem kurzen Praktikum in der Werkstatt einer Kemptener Baumwollspinnerei (tägliche Arbeitszeit sechsmal in der Woche elf Stunden): Linde wollte sich in der Maffei'schen Fabrik bewerben, kam aber nicht „über die Portierloge" hinaus. Dafür reüssierte er nach einem weiteren kurzen Praktikum bei Borsig in Berlin mit einer Bewerbung bei der 1866 auf dem Münchner Marsfeld gegründeten Lokomotivfabrik Krauss & Co. Der gerade 24jährige bewarb sich gleich für die Leitung des Konstruktionsbüros. Auf Empfehlung eines seiner Zürcher Professoren wurde er in der Tat für diesen Posten angenommen. Doch es hielt ihn nur zwei Jahre: 1868 strebte er an das neue Münchner Polytechnikum, weil für ihn schon immer „die Tätigkeit des akademischen Lehrers den Gipfel des beruflichen Daseins“ darstellte.

Bei der Vorstellung vor dem designierten Direktor Carl Bauernfeind muß der immer noch sehr junge Linde auch diesmal sehr überzeugend gewirkt haben; denn Bauernfeind stellte nur die Bedingung, er müsse lediglich seine „Vortragsbefähigung“ an der Ingenieurschule in der Damenstiftgasse, dem Vorgängerinstitut der Hochschule, nachweisen.

Rasche Karriere

Damit klappte es: Mit 26 wurde Linde außerordentlicher, mit 30 ordentlicher Professor für theoretische Wärmelehre. Einer seiner Studenten war Rudolf Diesel. Schon in den ersten seiner ingesamt elf Jahre am Polytechnikum richtete Linde das erste Maschinenlaboratorium in Deutschland ein. Wegbereitend für seine Entwicklungen wurden zwei wissenschaftliche Artikel 1870 und 1871 in einer Fachzeitschrift „Wärmeentziehung bei niedrigen Temperaturen durch mechanische Mittel“ und „Verbesserte Eis- und Kühlmaschinen“. Außerdem hielt er im Juni 1873 auf dem Internationalen Brauerkongreß während der Weltausstellung in Wien einen Vortrag.

Die Reaktionen auf Vortrag und Publikationen waren überwältigend: Der Münchner Großbrauer Gabriel Sedlmayr forderte Linde auf, die Gedanken in die Praxis umzusetzen, und auch der Wiener Industrielle Dreher bestellte eine „Kältemaschine“. Sedlmayr übernahm die Kosten für Erprobung und Konstruktion, die Maschinenfabrik Augsburg baute die Anlage. Die erste Kältemaschine von 1874 arbeitete noch mit Methyläther, die zweite bereits mit Ammoniak und wurde 1876 an die Dreherschen Brauerei in Triest geliefert. Sie tat dort problemlos bis 1908 Dienst und fand dann im Wiener Technischen Museum als „Erstling der Lindeschen Kältemaschinen“ Aufstellung.

Der Erfolg zog so viele Aufträge nach sich, daß sich Linde schließlich zwischen den dadurch entstandenen „Beanspruchungen“ und den „Pflichten als Professor“ entscheiden mußte. Den Ausschlag für eine Hinwendung zum Unternehmer gab, daß er sowohl über theoretische als auch über praktische Maschinenbaukenntnisse verfügte - damals noch eine seltene Kombination. So kam es 1879 in Wiesbaden, dem Wohnsitz des initiierenden Aktionärs, zur Gründung der Aktiengesellschaft für Linde's Eismaschinen. Linde brachte seine Patente ein und wurde Alleinvorstand. Er konstruierte die Kältemaschinen, die von anderen Firmen gebaut wurden. Im Aufsichtsrat saßen auch sein ehemaliger Chef Georg Krauß, Heinrich Buz von der Maschinenfabrik Augsburg sowie der Münchner Brauer Gabriel Sedlmayr. Bis 1890 wurden allein im Deutschen Reich 625 Kältemaschinen, zumeist an Brauereien, ausgeliefert. Danach übergab Linde die Leitung des Unternehmens an einen langjährigen Mitarbeiter und kehrte 1891 als Hochschullehrer nach München zurück.

Münchner Experimente

Als bayerischen Wohnsitz wählte er zunächst den Obersalzberg bei Berchtesgaden, seinem langjährigen Urlaubsziel, wo er sich das Haus Oberbaumgart baute, dann siedelte er sich in München in der Nymphenburger Straße an, ehe er sich 1897 auf der Prinz-Ludwig-Höhe ein „schönes Haus“ als Alterswohnsitz errichtete.

In München hatte er jetzt wieder mehr Zeit für experimentelle Forschungsarbeiten. Schon 1888 war auf seine Initiative in der Lothstraße eine „Versuchsstation für Kältemaschinen“ gebaut worden. Hier gelang ihm im Mai 1895 eine weitere bahnbrechende Entwicklung: Die erstmalige Verflüssigung von Luft in einer größeren Menge, „und dies mit Hilfsmitteln, welche gegenüber des bisher gebrauchten von verblüffender Einfachheit waren“ (Linde).

Die Luftverflüssigung führte er in den folgenden Jahren mehrmals öffentlich vor, 1897 etwa in Berlin vor Kaiser Wilhelm II., der noch 1932 in einem Glückwunschschreiben zu Lindes 90. Geburtstag die „geniale Erfindung" erwähnte.

Weitere Versuche auf dem Gebiet der Tieftemperaturtechnik führten zu Verfahren und Apparaten zur Herstellung von reinem Sauerstoff - dies schon in der 1900 eingerichteten „Neuen Versuchsstation" in Höllriegelskreuth, aus der sich die heutige Fabrik entwickelte.

Linde hat in fast allen wichtigen technischen Vereinigungen mitgewirkt, und er wurde hoch geehrt. Von dem persönlichen Adel, der ihm 1897 verliehen wurde, machte er in seinem Namen aber keinen Gebrauch: Er blieb Carl Linde.

Sein vielleicht nachhaltigstes Ehrenamt übte er 1903 aus: Zusammen mit Oskar von Miller und dem berühmten Mathematiker Walther von Dyck, damals Rektor der Münchner Technischen Hochschule, war er einer der drei Gründer des Deutschen Museums.

Beerdigt ist Linde auf dem Münchner Waldfriedhof, Alter Teil (139-W-9)

CARL VON LINDE sorgte mit seinen Entwicklungen für den Siegeszug der Kühltechnik. „Lindes Eismaschinen" revolutionierten auf der ganzen Welt den Kühlbetrieb der Gär- und Lagerkeller von Brauereien sowie der Kühl- und Gefrieranlagen von Schlachthöfen und anderer Bereiche der Lebensmittelindustrie. Auch der Kühlschrank in Privathaushalten geht auf Lindes technische Leistungen zurück.

Therese Prinzessin von Bayern

Furchtlose Erforscherin fremder Welten

Wenn in München im Zusammenhang mit prominenten Frauen der Name Therese fällt, denkt fast jeder zunächst an Königin Therese von Bayern, obwohl diese Therese nur brave Ehefrau und Mutter an der Seite ihres umtriebigen Königs Ludwig I. war. Dabei gab es eine andere blaublütige Therese, die Bedeutendes und Rühmliches vollbrachte, die eine furchtlose Entdeckerin war: Therese Prinzessin von Bayern, die einzige Tochter des Prinzregenten Luitpold.

Die Prinzessin war das Gegenteil der eher häuslichen Königin: Eine selbständige und selbstbewußte Frau, Naturwissenschaftlerin und Buchautorin und vor allem kosmopolitisch: Sie bereiste nicht nur die halbe Welt, sondern wagte sich sogar in Gegenden, die seinerzeit - gegen Ende des 19. Jahrhunderts - selbst für Männer noch voller Gefahren steckten: Dschungel- und Polarregionen, Asien und den gesamten Balkan, der damals noch unruhiger war als heute.

Prinzessin Therese verband Abenteuerlust mit Forscher-Interesse und wissenschaftlicher Akribie. Sie war - dies geht aus ihren Büchern hervor - eine zupackende Natur, dazu humorvoll, mutig und mit gesundem Menschenverstand ausgestattet. Sie schreckte vor keinen Strapazen und Mühen zurück und war eine so gute Reiterin, daß sie mit verwegenen Donkosaken mitzuhalten vermochte. Für ihre von Männern geprägte Zeit stellte sie eine herausragende Figur dar. Als Forschungsreisende wurde sie mit Alexander von Humboldt (1769 - 1859) verglichen.

Therese wurde 1850 als drittes der vier Kinder Luitpolds geboren. Ihre Mutter Auguste Ferdinande war als Prinzessin von Toskana 1825 in Florenz zur Welt gekommen. Luitpold lernte sie in Neapel kennen, und das Paar heiratete 1844.

Auguste Ferdinande war eine so attraktive Frau, daß Schwiegervater König Ludwig I. sie von Joseph Stieler für die berühmte Schönheiten-Galerie im Schloß Nymphenburg porträtieren ließ.

Sie starb bereits 39jährig an Schwindsucht, Therese war da gerade 13 Jahre alt. Dieser frühe Tod der Mutter dürfte mitprägend gewesen sein für Thereses Entwicklung. Im Leuchtenberg-Palais, seit 1853 Wohnsitz von Luitpolds Familie, wuchs sie von da an unter lauter Männern auf: Mit ihren drei Brüdern, wobei sie vor allem mit dem jüngeren Arnulf eine innige Zuneigung verband, und an der Seite ihres Vaters, dem sie zusammen mit einer Tante die Hausgeschäfte führte.

Vom knorrig-eigenwilligen Vater, der in seiner Jugend ebenfalls viel gereist und dabei nach Süd- und Osteuropa, Marokko, Ägypten und Kleinasien gekommen war, hat sie wohl auch ihr Fernweh sowie eine gewisse Burschikosität geerbt. „Sie ist kein adrettes Vorzeigekind, keine Prinzessin mit devotem Hofknicks und höherer Töchterbildung", schreibt Irina Hildebrandt über Therese („Bin halt ein zähes Luder. 15 Münchner Frauenportraits").

Geübt in vielen Disziplinen

Vielmehr übte sich die Prinzessin in Disziplinen, die seinerzeit noch keineswegs als damenhaft galten. Sie lernte Reiten, Fechten, Turnen, Schwimmen und Radfahren. „Man muß alles lernen, da man nicht weiß, ob man es nicht eines Tages notwendig brauchen kann", war ihre Devise.

Vor allem aber interessierte sich Therese schon früh für Naturwissenschaften: für Erdkunde, Völkerkunde, Botanik, Zoologie, Ethnographie und Ornithologie. Sie verschlang alles, was es über fremde Länder zu lesen gab, je entfernter und abgelegener, um so interessanter. Sämtliches Wissen mußte sie sich als Autodidaktin aneignen; denn ein Studium war für Frauen noch nicht möglich. Die ersten Studentinnen wurden in Bayern erst 1903 immatrikuliert.

Therese besuchte Vorträge und durchstreifte in München die völkerkundlichen Sammlungen und stellte dabei fest, daß es da noch erhebliche Lücken gab. Doch mit dieser Entdeckung gab sie sich nicht zufrieden, sondern beschloß, selbst für eine Komplettierung zu sorgen. Gerade einmal 21, unternahm sie ihre erste

Reise: zunächst die klassische Bildungstour der Deutschen nach Italien und Griechenland.

Doch schon vier Jahre später betrat sie erstmals den Boden eines fremden, eines damals noch sehr geheimnisvollen Kontinents: von Afrika. Tunesien und Algerien bedeuteten die abschließenden Stationen einer Tour über Frankreich, Spanien und Portugal.

1881 zog es sie in den Norden: nach Dänemark, Schweden und Norwegen. Aber Norwegen, das war für jemanden wie Therese nicht nur der zivilisierte Süden. Sie wagte sich „Über den Polarkreis", wie sie später den Bericht über diese Reise überschrieb. Sie erfüllte sich damit einen Jugendtraum. „Ein Besuch derjenigen Landestheile Skandinaviens", notierte sie, „welche auf die arktische Zone, auf das Gebiet der Mitternachtssonne entfallen, war mir seit meinen Kinder- und Jugendjahren als etwas unvergleichlich Interessantes erschienen". Ihr „Hauptaugenmerk" legte sie auf „die skandinavischen Nomaden und die beachtenswerten Temperaturverhältnisse Norwegens". Mit den Nomaden waren die „Lappländer" gemeint.

Schon hier wie bei all ihren späteren Expeditionen bedeuteten Reisen und Forschen für sie stets ein „Abweichen von vielbetretenen Pfaden" - so die „Geographische Gesellschaft in München".

Freilich fuhr sie nicht allein. Die Sitten der Zeit erforderten die Begleitung durch einen „Kavalier", in der Regel ein hoher Offizier im Rang eines Majors oder eines Generals. Außerdem kam jeweils eine Hofdame sowie mindestens eine Bedienstete oder ein Diener mit. Therese selbst reiste inkognito, wobei sie aber auf einen Adelstitel nicht verzichten wollte. Sie nannte sich „Gräfin Elpen".

Jede Reise bereitete Therese gründlich vor, u. a. durch Erlernen der jeweiligen Landessprache, so daß sie stets ohne Dolmetscher auskam, unmittelbar Kontakt zur einheimischen Bevölkerung fand und Literatur über das jeweilige Land im Original lesen konnte.

Im Laufe der Zeit eignete sie sich auf diese Art nicht weniger als 11 Fremdsprachen an. Besonders gern mochte sie neugriechisch und russisch, das sie zusammen mit ihrem russophilen Bruder Arnulf lernte.

Als sie 1882 dann Rußland bereiste, begnügte sie sich nicht mit dem europäischen Rußland, sondern durchstreifte auch die Kirgisensteppe. Es folgten praktisch sämtliche europäischen Länder und die Türkei. 1893 betrat sie auf einer großen Nordamerika-Tour durch Kanada, die USA und Mexiko auch den „wilden Westen“ und bekam hier „Indianer von siebzehn verschiedenen Stämmen zu Gesicht“.

Ihr Traumkontinent aber war Südamerika, wohin sie drei Expeditionen unternahm und dabei Beobachtungen sogar bei 23 Indianerstämmen machte, darunter bei einigen im Gran Chaco zwischen La Plata und dem Amazonas, die bis dahin der europäischen Fachwelt unbekannt waren. Sie überquerte die Anden und durchquerte die 600 km lange Wüste Atacama sowie die argentinischen Pampas und wagte sich tief in unberührten Regenwald hinein.

Das „Wunderland" Brasilien

Sie überstand die „Gefährlichkeit des Klimas“, eine „schlimme Floßfahrt“ sowie „drohende Beschießung“, beobachtete Brüllaffen, „nackte Hunde“ und Eisvögel und war fasziniert vom „Urwald bei Mondschein“.

Die zahlreichen Altertümer, Gebrauchsgegenstände, Pflanzen und Tiere, die sie von den Reisen mitbrachte, vermachte sie später den staatlichen Sammlungen in München.

Ihr Lieblingsstaat schlechthin war Brasilien, „jenes Wunderland jenseits des Oceans, wo die Natur ihre reichsten Gaben ausgeschüttet und zu einem Bilde vereinigt hat, welches auf der weiten Erde seines Gleichen kaum finden kann“.

Von Südamerika handeln auch ihre umfangreichsten Publikationen: „Meine Reise in den brasilianischen Tropen“ und „Reisestudien aus dem westlichen Südamerika“, jeweils über 500 Seiten stark.

In ihren ersten Büchern gab sie als Autorennamen noch das neutrale „Th. von Bayern“ an: Sie folgte damit dem Brauch von

Frauen im 19. Jahrhundert, unter Pseudonym zu publizieren, um nicht von vornherein die Anerkennung in (männlichen) Fachkreisen zu gefährden. Erst nachdem sie 1892 zum Ehrenmitglied der „Geographischen Gesellschaft in München" und der „Bayerischen Akademie der Wissenschaften" ernannt worden war, zeichnete sie mit „Therese Prinzessin von Bayern".

1897 erhielt sie dann die Ehrendoktorwürde der philosophischen Fakultät der Universität München - damals für eine Frau eine außergewöhnliche Auszeichnung.

Die letzte ihrer insgesamt 16 Publikationen galt ihrem Lieblingsbruder Arnulf, der nach einer erfolgreichen Karriere als Berufsoffizier 1907 im Alter von 55 eine siebenmonatige Jagdexpedition nach Rußland und China unternommen hatte und auf der Rückreise in Venedig an einer Lungenentzündung gestorben war.

In späteren Jahren zog sich Therese, unverheiratet geblieben, auf ihre Villa Amsee bei Lindau zurück, war aber nie untätig. Sie widmete sich sozialen Aufgaben und bewies ihre körperliche Tüchtigkeit, als sie 1913, im Alter von 63 Jahren, noch den Ätna und den Parnaß bestieg. Im Ersten Weltkrieg richtete sie in der Villa ein kleines Lazarett ein.

1925 starb sie in der Villa Amsee. Die „Geographische Gesellschaft" nannte sie in einem Nachruf ehrfurchtsvoll „eine edle Tochter aus dem um Kunst und Wissenschaft in vielen seiner Mitglieder hochverdienten Hause Wittelsbach". „Ihr ganzes Erdenwallen" sei „ein Wandeln auf den Höhen der Menschheit" gewesen.

THERESE VON BAYERN war für ihre Zeit eine ungewöhnlich emanzipierte Frau. Sie bereiste den halben Erdball und erwarb sich den „Ruf einer ernsthaften Wissenschaftlerin und anerkannten Forscherin", wie es bei Adalbert Prinz von Bayern in dessen Familiengeschichte über „Die Wittelsbacher" heißt. Eine von Therese in Brasilien entdeckte, bis dahin unbekannte Melastomaceen-Art wurde nach ihr benannt: „Macairea Theresiae".

Alois Zettler

Er lernte bei „dem berühmten Edison“

Im Jahr 1876 kehrte ein junger Münchner von einer der damals üblichen Gesellen-Wanderschaften in seine Heimatstadt zurück. Vier Jahre zuvor war er aufgebrochen, damals gerade 17 Jahre alt. Ganz und gar unüblich aber war, daß der junge Münchner zum einen Tagebuch geführt hatte und zum anderen nach der Rückkehr eine Firma gründete, die Pionierleistungen auf dem Gebiet der damals ganz neuen Elektrotechnik vollbrachte. Der junge Mechaniker war Alois Zettler (1854-1942), und die Firma bestand als Zettler GmbH bis 1996.

Das Tagebuch des Gesellen wurde später unter dem Titel „Alois Zettlers Lehr- und Wanderjahre“ veröffentlicht und stellt heute ein originäres Dokument über die Lebens- und Arbeitsbedingungen im Handwerk des 19. Jahrhunderts dar. Der Bericht, u.a. im Archiv der Bayerischen Vereinsbank aufbewahrt, hat zudem einen hohen Seltenheitswert; denn daß sich ein Handwerksbursch schreibend betätigte, war so ungewöhnlich, daß Zettler die Aufzeichnungen heimlich „beim Schein einer Kerze“ machen mußte, weil sonst sein Arbeitskamerad und Freund, mit dem er die Wanderschaft antrat, ihn ausgelacht hätte, wie er gleich zu Beginn anführte.

Als Beweggrund für die Niederschrift gab er an, es könne künftigen Handwerkern vielleicht „von Nutzen sein und sie interessieren, wie es damals zugegangen und was wir gearbeitet, gedacht und gefühlt haben“.

Schon die Beschreibung der ersten Etappe der beiden jungen Männer von München nach Frankfurt erinnert an eine heute fast vergessene Einrichtung: Daß es seinerzeit in der Eisenbahn vier Klassen gab. Die beiden armen Handwerksburschen mußten mit der vierten Klasse vorlieb nehmen. Eine Zugfahrt war für junge Handwerker ein so seltenes Erlebnis, daß sie sich ganz „beklommen“ fühlten.

Von Frankfurt ging die Fahrt weiter nach England, wo Zettler in einer „feinmechanischen Werkstatt“ Arbeit fand: „Sie gehört einem Rheinländer namens Bonn. Ich bin recht froh, daß mein Prinzipal ein Deutscher ist; denn mit meinem Englisch hapert es noch sehr...Wir bauen hier physikalische Instrumente und Apparate, wobei es darauf ankommt, nur allerpräziseste Leistungen zu vollbringen. Die Engländer sind hier überaus gründlich. Das macht mir großes Vergnügen".

Doch weil Zettler lernbegierig war, zog es ihn schon ein paar Monate später zu einer größeren Firma: zur Siemens Brothers AG in London-Charlton: „Hier wird alles hergestellt, was mit Telegraphie zu tun hat. Siemens Brothers beschäftigt 3000 Arbeiter und ist eine der größten britischen Telegraphenfabriken...Ich habe es sehr gut getroffen. Mit zwei Kollegen bin ich ausschließlich mit der Herstellung von Versuchsapparaten beschäftigt, und zwar mit Apparaten für die Kabeltelegraphie! Ja, ich sehe hier Dinge, von denen ich bis dahin keine Ahnung hatte...Die Telegraphie ist hier weit fortgeschritten".

Prophetie über Elektrotechnik

Vom elektrischen Licht und vom Telephon wußte man nach Zettlers Beobachtungen freilich auch im industriell fortschrittlichen England „nicht allzu viel". Gleichwohl machte der gerade 18 gewordene junge Mann in seinem Tagebuch eine Aussage von großer Prophetie: „Ich glaube, die Elektrizität wird noch einmal eine ganz große Rolle in unserem Leben spielen". Die Notiz datiert vom 4. Dezember 1873! In Bayern hatte es zu diesem Zeitpunkt mit der Elektrizität erst einen einzigen Versuch gegeben: 1869 eine Bogenlampe beim Bau der Braunauer Eisenbahnbrücke in München. In Nürnberg gründete im selben Jahr 1873 zwar Sigmund Schuckert seinen später so berühmten Betrieb, aber zunächst war dies nur eine „mechanische Werkstatt". Die Elektrotechnik kam später.

Zettlers nächster Eintrag von Interesse im Februar 1874 gibt einen Eindruck von den seinerzeitigen Arbeitsanforderungen: „Ich arbeite Tag und Nacht. Das Weihnachtsfest bemerkte ich kaum. Den Jahreswechsel habe ich in der Werkstatt mit meinen Kollegen gefeiert. Ich komme kaum mehr nach Hause in mein Zimmer. Unsere Firma hat sehr eilige Aufträge für die Kabellegung nach Neufundland, und wir müssen die wichtigen Versuchsapparate in Tag- und Nachtarbeit herstellen".

Der Höhepunkt von Zettlers Wanderschaft war eine Tätigkeit in Newark (New York) bei „dem berühmten Edison", nachdem er in den USA zuvor in Philadelphia gearbeitet hatte. Zettler am 7. September 1874: „Ich kann es kaum fassen. Ich bin wirklich angenommen worden. Ich wollte am nächsten Montag beginnen, weil ich mein ganzes Gepäck noch in Philadelphia habe. Doch da merkte ich, was amerikanisches Tempo heißt. 'Wenn Sie nicht auf der Stelle anfangen können, dann gehen Sie wieder nach Philadelphia. Zu uns brauchen Sie dann aber nicht mehr zu kommen, bis dahin ist die Stelle längst besetzt'. Was blieb mir also übrig, als mir ein Zimmer zu nehmen und noch am Nachmittag meine Arbeit zu beginnen".

„Arbeit bis in die Nacht hinein"

Hier waren die Anforderungen ebenfalls erheblich: Arbeit „vom frühen Morgen bis in die Nacht hinein". Doch Zettler nahm es von der positiven Seite: „Ich verdiene sehr gut und will die günstige Gelegenheit nützen, meine Reisekasse aufzufüllen".

Auch bei Edison lag das Schwergewicht bei der Telegraphie „in ihren verschiedenen Formen und Anwendungsgebieten". Und Edison war „ständig auf dem neuesten Stande der Forschung". Zettler am 14. Oktober 1874: „Davon lerne ich vieles, das, wie ich hoffe, mir später von großem Nutzen sein wird".

Nach einem weiteren Jahr, in dem er auch noch in Paris arbeitete, hatte er dann ausgelernt: Im Januar 1876 kehrte er in „seine liebe Vaterstadt" zurück - und dies mit ganz konkreten Vorstellungen: „Das weite Feld der Mechanik, das zu erobern ich ausgezogen, hat sich mir erschlossen. Indes meine Neigung und meine Pläne für die Zukunft gehören einem ganz bestimmten Gebiet aus diesem weiten Feld, einem Gebiet, in dem ich mich im Laufe meiner Wanderjahre immer wieder ausführlich umtun konnte und das ich mir nunmehr auch theoretisch erarbeiten will: der elektrischen Mechanik in allen ihren Formen".

Im April 1877 meldete Zettler eine „feinmechanische Präzisionswerkstätte“ in der Zweibrückenstraße 3 als Gewerbebetrieb an, ein Jahr später stellte er bereits den ersten Gehilfen sowie einen Lehrling ein, und 1881 kam der erste größere Auftrag: Die Installation von elektrischem Licht in der Lokomotivfabrik Maffei in der Hirschau. Es war eine der frühesten elektrischen Gebäude-Beleuchtungen in München überhaupt.

Ein weiteres Highlight in der Frühgeschichte der Firma folgte 1882: Auf Einladung von Oskar von Miller beteiligte er sich zusammen mit seinem Freund Schuckert an der Vorbereitung der „Internationalen Elektrizitätsausstellung“ im Münchner Glaspalast, damals ein Ereignis von Weltgeltung. Zettler stellte auch einige seiner Produkte aus. Und diese Präsentation brachte ihm zwei spektakuläre Aufträge ein: 1883 die Einrichtung einer elektrischen Beleuchtung im kgl. Hoftheater (Oper) für den gesellschaftlichen Höhepunkt der Saison, den Armenball, sowie 1884 die elektrische Beleuchtung von Schloß und Park Herrenchiemsee, eines von König Ludwig II. „Märchenschlössern“. Wenn es um seine Schlösser ging, dann nutzte der ansonsten so weltfern lebende König durchaus moderne Technik. Für die Arbeiten in Herrenchiemsee erhielt Zettler vom König den Titel eines „ersten Hofilluminators“.

1889 hatte die Werkstätte Alois Zettler bereits 80 Mitarbeiter und zog in größere Räumlichkeiten in der Schillerstraße 17 um, doch zugleich ließen die geschäftlichen Aktivitäten Zettler immer weniger Zeit für seine Entwicklungsarbeiten, zumal er 1893 als Gründungsmitglied des „Elektrotechnischen Vereins“ in München auch eine gesellschaftliche Funktion übernommen hatte, und so verkaufte er die Firma 1899 an die Sächsischen Elektrizitätswerke. Inzwischen wurden 130 Personen beschäftigt. Zettler blieb „technischer Beirat“.

Eine seiner wichtigsten Entwicklungen war eine neuartige Lichtsignalanlage namens „Lichtruf“ für Hotels, Krankenhäuser, Altenheime, Gefängnisse usw.: Per Knopfdruck konnte dabei ein optisches Signal in andere Räume gegeben werden.

1905 übernahm der Schweizer Ingenieur Leo Benz sen., ein Geschäftsfreund von Zettler, die Firma und verlegte sie auf das

Gelände der historischen Westermühle in der Holzstraße 28 - 30, wo sich bis 1996 die Hauptverwaltung befand.

Während die Firma unter der Leitung von Leo Benz Weltgeltung erlangte, stand Zettler noch als 70jähriger in den Versuchs- und Forschungsräumen der Fabrik.

Alois Zettler starb am 9. Oktober 1942 - an seinem 88. Geburtstag. Sein Grab liegt auf dem Alten Südfriedhof. „Er war", schrieb eine Zeitung in einem Nachruf, „im wahrsten Sinn des Wortes ein Pionier der Elektrotechnik, dessen Lebenswerk weit über Deutschlands Grenzen hinaus bekannt geworden ist".

Im Laufe der Zeit spezialisierte sich die Firma auf Sicherheitstechnik mit den drei Produktbereichen Brandmeldeanlagen, Gebäudesicherheit und Krankenhauslichtrufanlagen. U.a. lieferte die Zettler GmbH eine Brandmeldeanlage für das Deutsche Museum. Im November 1996 übernahm die US-Firma Tyco die ausländischen Geschäftsaktivitäten der Zettler GmbH und die in Köln ansässige Tyco-Tochter „Total Walther GmbH" das deutsche Geschäft der Münchner Firma. Der Produktionsstandort Jahnstraße/München wurde mit jenem in Schwindegg zusammengelegt. Die „Total Walther GmbH", u.a. im Bereich Löschsysteme tätig, führt die übernommenen Produktbereiche weiter.

ALOIS ZETTLER lieferte mit einem Bericht über seine Lehr- und Wanderjahre ein orginäres Dokument der Verhältnisse im Handwerk des 19. Jahrhunderts und gründete die Zettler GmbH.

Oskar von Miller

In der Ruhmeshalle der hervorragendsten Männer

Er hat keine einzige Erfindung gemacht, aber er schuf so viel Neues und ist in einem Maße richtungsweisend für die Durchsetzung, die Verbreitung und das gute Gelingen von neuer Technik gewesen, insbesondere der Elektrizität, daß er den anderen Granden der Münchner Entdecker-Zunft oft sogar vorgeordnet wird: Gleichsam als primus inter pares thront Oskar von Miller (1855 - 1934) „in der Ruhmeshalle für die hervorragendsten Männer der Wissenschaft und der Technik" - dies eine Formulierung von ihm selbst, gemünzt auf seine berühmteste Schöpfung, das Deutsche Museum in München.

In seiner bajuwarischen Ausprägung, als Münchner Original, bayerisches Urgestein und barocke Figur war er sowieso einzigartig: In ihm vereinten sich Schlitzohrigkeit und kämpferische Ungeduld, Bauernschläue und weltmännische Intelligenz, listenreiches Fintieren und Beharrlichkeit bis hin zu Sturheit, kaufmännisches Kalkül und technisches Gespür, Impulsivität und Diplomatie, Despotismus und rührende Fürsorge, eine phänomenale Arbeitswut und Lust am fröhlichen Feiern, die Gabe des Sehers und die Gabe, jeden Tag aufs neue das gerade Notwendige zu erledigen.

Seine Biographen haben in Kennzeichnungen einander übertroffen: „Ein Mann schweren Kalibers, vor dem man kapituliert", „Gottvater der Elektrizität" (Rudolf Pörtner), „der weißblaue Despot" (Wilhelm Lukas Kristl), „einer der großartigsten und erfolgreichsten Propagandisten, die Deutschland je besessen hat" (Theodor Heuss).

Genialer Organisator

Miller war vor allem ein genialer Organisator, und er wußte Projekte und Ereignisse nicht nur zu initiieren und durchzuziehen, sondern markante Daten auch entsprechend zu präsentieren: Durch Umzüge und Festlichkeiten. Heuss: „Er hat diese Feste ernst genommen, weil er Freude für eine notwendige Sache hielt." Miller „konnte" zudem mit allen, er vermochte mit Monarchen auf gleichem Fuß zu verkehren, wie er Arbeiter durch Grobheit oder Humor in Schwung hielt, wenn es darauf ankam. Er war auf der Baustelle ebenso zu Hause wie auf dem Präsidiumspult der Weltkraftkonferenz von 1930.

Eines seiner bekanntesten Photos zeigt ihn auf dem Bauplatz „seines" Deutschen Museums neben Kaiser Wilhelm II.: Der Kaiser und Miller einsam im Matsch, dahinter in respektvollem Abstand Wilhelms Begleitung. Miller trägt denselben Bratenrock wie immer, nur seine geliebte Melone hat er dem Kaiser zu Ehren abgelegt und eingetauscht: gegen einen Zylinder.

In der Öffentlichkeit ist er zumeist nur als der Gründer des Deutschen Museums bekannt, doch seine übrigen Leistungen sind zum Teil mindestens genau so wichtig, und sie sind Legion: Ausrichter der ersten elektrotechnischen Ausstellung in Deutschland (1882 in München), Aufbau der Deutschen Edison Gesellschaft, der späteren Allgemeinen Electricitätsgesellschaft (AEG) in Berlin und dabei Errichtung des ersten deutschen Kraftwerkes (1884 in der Friedrichstraße), Initiator bei der Gründung der Firma Brown Boveri, der heutigen ABB, Organisator der beiden ersten Fernübertragungen von Gleichstrom beziehungsweise Drehstrom (1882 in München und 1891 von Lauffen nach Frankfurt), Erbauer des Deutschen Museums trotz Weltkrieg und Inflation ausschließlich aus Spenden der Industrie und von öffentlichen Stellen, Mitbegründer des Bayernwerks zur landesweiten Stromversorgung 1921 sowie Erbauer des Walchensee-Wasserkraftwerkes von 1919 bis 1924 - ebenfalls in katastrophaler wirtschaftlicher Lage.

Schließlich hatte Miller auch seinen Anteil in der Münchner Elektrizitätsgeschichte. Er gehörte einer Kommission an, die bereits 1883 an der Isartalstraße ein Gelände kaufte, auf dem 16 Jahre später das erste große Münchner Dampfkraftwerk errichtet wurde - heute das Heizkraftwerk Süd mit dem zweithöchsten Münchner Bauwerk, einem 175 Meter hohen Schornstein.

OSKAR VON MILLER war als Münchner Original, bayerisches Urgestein und Mensch barocker Lebensart einzigartig; er machte keine eigene Erfindung, aber er war Wegbereiter neuer Technik. München verdankt ihm seine berühmteste Schöpfung, das Deutsche Museum.

Miller wurde entscheidend durch seinen Vater geprägt, den Leiter der Königlichen Erzgießerei an der Ecke Erzgießerei-/Linprunstraße. Ferdinand von Miller (1813-1887) war ein Patriarch in seiner positiven Ausprägung und in seinem Beruf ebenso Handwerker wie Künstler. Die Erinnerungen an die harte Arbeit in der Gießerei und die ebenso gefährlichen wie innovativen Gußvorgänge haben Oskar von Miller sein Leben lang nicht verlassen.

Als jüngster Sohn des Erzgießers kam Miller nicht für die Nachfolge seines Vaters im Betrieb in Frage. So studierte er Maschinen- und Wasserbau am Polytechnikum, ging nach Beendigung des Studiums in den Staatsdienst, begann dort aber bald gegen den Stachel zu löcken und Neuerungen einzufordern und provozierte somit 1881 in jener berühmten Szene in der „Regensburger Wurstküche“ die Frage eines Vorgesetzten, ob denn die gerade in Paris stattfindende Ausstellung über die ganz neue Elektrizität nichts für den jungen Herrn sei.

Elektrische Sensationen in Paris

Miller nahm die Ironie ernst, fuhr nach Paris, war begeistert von den dort gebotenen elektrischen Sensationen und übertrug seine Begeisterung nach der Rückkehr in München auf die technischen Honoratioren, so daß man für 1882 im Glaspalast ebenfalls eine elektrotechnische Ausstellung beschloß.

Um zu beweisen, daß man Strom sehr wohl „transportieren“ könne (was von Skeptikern heftig angezweifelt wurde), organisierte Miller hier die erste Fernübertragung von Elektrizität: über 57 Kilometer per Telegraphenleitung von Miesbach in den Glaspalast. Der französische Ingenieur Marcel Depré half dabei.

Damit war Miller in der Fachwelt mit einem Schlag bekannt, und umgehend sicherte sich der Berliner Fabrikant Emil Rathenau, der die deutschen Edison-Patente erworben hatte, seine Dienste: Er holte den gerade 28jährigen für sechs Jahre (1884 bis 1890) als Direktor der neuen AEG nach Berlin.

Doch Miller war stets auch ein bayerischer Patriot, und so kehrte er 1890 nach München zurück. Mit einem „Technischen Büro“ machte er sich selbständig und baute und projektierte Kraftwerke in Bayern (unter anderem in Fürstenfeldbruck, der Stadt seiner Väter), in Baden, Ostpreußen, Pommern, Thüringen, im Elsaß und Siebenbürgen. Freilich genügten seiner Dynamik und seinem Phantasiereichtum diese Aufträge keineswegs. 1903 nutzte er eine Tagung des Vereins deutscher Ingenieure dazu, eine Jugendidee auf den Weg zu bringen: Eine „systematisch geordnete Sammlung für die Meisterwerke der Wissenschaft und der Technik". Der Gedanke eines technischen Museums für und in Deutschland lag an sich in der Luft: denn in London und Paris gab es bereits Vorbilder, aber es bedurfte eines Oskar von Millers, um ihn zu realisieren. Die Grundsteinlegung nahm 1906 Kaiser Wilhelm II. mit einem goldenen Hammer vor. Auf einem Kolossalgemälde im Deutschen Museum ist die Szene heroisierend wiedergegeben. Provisorisch wurde das Deutsche Museum zunächst im alten Nationalmuseum in der Maximilianstraße untergebracht.

„Betteln fürs Museum"

Der Neubau, für dessen Finanzierung sich Miller Jahr um Jahr als „Bettelmönch" (Pörtner) betätigte, dauerte von 1909 bis 1935. Der erste Teilbereich, der Sammlungsbau, wurde am 7. Mai 1925, Millers 70. Geburtstag, mit einem großen Umzug der am Bau beteiligten Gewerke eingeweiht. Vom letzten Abschnitt, dem Kongreßsaal, erlebte Miller 1934 noch das Richtfest.

Die Ausnützung der bayerischen „Schätze" an Wasserkraft für die Gewinnung von Strom und dessen Verteilung in ganz Bayern waren weitere Anliegen, für die Miller unermüdlich als Propagandist auftrat. Vor allem engagierte er sich für die Nutzbarmachung eines 200-Meter-Gefälles zwischen Walchen- und Kochelsee: nach damaligen Maßstäben ein geradezu riesiger „Schatz" an Wasserkraft. Die ersten Planungen datieren von 1901, aber erst gegen Ende des Ersten Weltkrieges hatte sich Miller gegen alle Bedenken („vermessener Eingriff in die Natur") durchgesetzt: Am 21. Juni 1918 beschloß der Bayerische Landtag den Bau des Walchenseekraftwerkes.

Von Miller stammten die Pläne, und er hatte als bayerischer „Specialkommissär“ die Bauleitung. Mit 5.000 Beschäftigten stellte das Projekt auch ein gewaltiges Arbeitsbeschaffungsprogramm dar - in den damaligen Notzeiten ein wichtiger Gesichtspunkt. 17 Arbeiter bezahlten die mühsame Tätigkeit fast ohne technische Hilfsmittel sowie in schwierigem Gelände mit dem Leben.

Mit einer installierten Leistung von 124.500 Kilowatt war das Walchenseekraftwerk bei seiner Eröffnung am 24. Januar 1924 das größte Hochdruckspeicherkraftwerk der Welt.

Millers Leben endete in Tragik. Seine Frau verunglückte am 18. August 1933 bei einem Verkehrsunfall tödlich, wurde also ein Opfer von moderner Technik. Miller selbst, der den Nazis von Anfang an mißtraute, trat 1933 mehr oder weniger freiwillig von der Leitung des Deutschen Museums zurück. Er starb am 9. April 1934 an einem Herzanfall.

Das Millersche Familiengrab befindet sich auf dem idyllischen Friedhof Neuhausen an der Winthirstraße.

Rudolf Diesel

Die zündende Idee des Musterschülers

Rudolf Diesel (1858-1913) war eine der tragischen Figuren der Technik-Geschichte. Bei keinem anderen deutschen Erfinder lagen Triumph und bitteres Ende so eng beisammen. Und die beiden wichtigsten Abschnitte in diesem gespaltenen Leben spielten sich in München ab: Studium mit dem Anstoß zu seiner epochalen Entwicklung und die Zeit seines Weltruhmes - freilich dann am Schluß auch der Niedergang.

Diesel war ein widersprüchliches Produkt der Natur: Äußerlich eine glänzende Erscheinung, gepflegt und von großbürgerlicher Eleganz, dazu der geniale Konstrukteur, besessen von der Idee eines neuen Motors, auch ein geschickter Verhandlungspartner - doch auf der anderen Seite eine unterentwickelte Fähigkeit sich „im Lebenskampf zu erhalten", wie Diesel selbst in seinem Buch „Die Entstehung des Dieselmotors" schrieb. Daran ist er letztlich gescheitert. Scheinbar in opulenter Behaglichkeit lebend, hatte Diesel in den letzten Jahren seines Lebens tatsächlich sein gesamtes Vermögen verloren. Deshalb stand die Welt zunächst vor einem Rätsel, als sie erschüttert die Nachricht von seinem Freitod in der Nacht vom 29. auf den 30. September 1913 bei einer Schiffsüberfahrt von Belgien nach England vernahm.

Diesel entstammte einer aus Thüringen nach Augsburg gelangten alten Handwerkerfamilie. Der Vater Theodor Diesel war gelernter Buchbinder und auf der damals üblichen Gesellenwanderschaft in Paris hängengeblieben. Dort verlegte er sich auf die ihm einträglicher erscheinende Herstellung von Brief- und Reisetaschen, Portemonnaies, Etuis und anderer Lederprodukte. Die Geschäfte gingen aber mäßig, im Haushalt herrschten fast ständig Not und Entbehrung.

Diesels Mutter Elise Strobel hatte es einer enttäuschten Liebe wegen von Nürnberg nach Paris gezogen. Dort lernten sich Diesels Eltern kennen und heirateten 1855.

In der ersten Pariser Wohnung der Eltern, in 38 Rue Notre Dame de Nazareth, wurde Rudolf Diesel am 18. März 1858 geboren. Schon bald zogen die Eltern nach 49 Rue Fontaine-au-roi um, wo sich auch die „Atelier" genannte väterliche Werkstatt befand.

Als im deutsch-französischen Krieg von 1870/71 alle Deutschen zeitweise Frankreich verlassen mußten, wurde der damals zwölfjährige Rudolf Diesel zu entfernten Verwandten nach Augsburg geschickt. Dort besuchte er die Königliche Kreis-Gewerbe- und eine Industrieschule. Mit 14 beschloß er, „Mechaniker" zu werden und zu studieren.

Bereits damals zeigte sich an ihm ein überdurchschnittlicher „Hunger nach Bestätigung", wie sein Sohn Eugen in der Biographie über den Vater schrieb („Diesel - Der Mensch, das Werk, das Schicksal"). Rudolf Diesels Ehrgeiz war es, immer der Erste zu sein. Und „niemals", so sein Sohn, „tauchte in ihm der leiseste Zweifel auf, daß er zu Großem berufen wäre und sein Ziel erreichen werde".

Der Beste im Examen

In der Tat war er dann auch überall ein Musterschüler: auf den Augsburger Schulen sowie in München ab 1875 auf dem Polytechnikum, ab 1877 Technische Hochschule. Sein Abschlußexamen 1880 war das beste seit Bestehen der Hochschule.

Oft erwies sich aber seine Konstitution für das enorme Arbeitspensum, das er sich aufbürdete, als zu fragil. Er litt häufig unter Kopfschmerzen und mußte sich wegen Nervenerkrankungen zweimal Aufenthalten in Sanatorien unterziehen, so im Winter 1898/99 in der Heilanstalt Neuwittelsbach bei München.

Die guten Schulnoten verhalfen ihm im übrigen durch die Gewährung mehrerer Stipendien dazu, überhaupt studieren zu können, nachdem er von den Eltern keine finanzielle Unterstützung zu erwarten hatte.

Als Student wohnte Diesel in München zunächst in der Baaderstraße 27 und ab 1877 bei seinen Eltern in der Schommerstraße 3. Die Eltern hatten 1877 in Paris das nicht mehr zu haltende

Der geniale Erfinder RUDOLF DIESEL, dessen Leben von Höhen und Tiefen geprägt war und tragisch endete.

Geschäft verkauft und waren nach München gezogen, wo sich Theodor Diesel fortan als „Heilmagnetiseur“ betätigte.

Die zündende Idee für seinen Motor hatte Diesel, als 1878 der Eismaschinenerfinder Carl Linde - damals Professor an der Technischen Hochschule - in einer Vorlesung über Thermodynamik ausführte, daß die Dampfmaschine nur sechs bis zehn Prozent der bei der Kohleverbrennung als Wärme eingesetzten Energie in „effektive Arbeit” (Diesel) umsetze. Außer den unbeholfenen und nur für große Betriebe geeigneten Dampfmaschinen gab es damals als Antriebsquellen nur unausgereifte und unwirtschaftliche Konstruktionen: Gasmotoren, den 1876 erfundenen Benzinviertaktmotor sowie in geringer Zahl Elektromotoren.

In Diesel nun setzte sich die Idee fest, einen Motor zu bauen, der einen deutlich höheren Wirkungsgrad aufwies sowie ferner kompakt, einfach zu bedienen und billig war. Er sollte dadurch auch für Klein- und Mittelbetriebe erschwinglich sein und den dort Beschäftigten die Arbeit erleichtern.

Soziale Ader

Der soziale Aspekt stellte dabei für Diesel mit den wesentlichsten Aspekt dar: Wohl in Erinnerung an die ständige Not der Eltern fühlte er sich den unterprivilegierten Schichten des Volkes besonders verbunden. Mit seinem neuen Motor wollte er der Menschheit „einen Dienst erweisen und ihr den Weg aus schwerer Arbeit und harter Fron zeigen“, wie es in der MAN-Firmengeschichte „Leistung und Weg“ heißt.

Diesels Idee: Während der Ottomotor ein Luftbenzin-Gemisch ansaugt, es verdichtet und durch den Funken einer Zündkerze zur Explosion bringt, nutzte Diesel den Umstand, wonach sich Luft beim Verdichten erhitzt. Wenn ein Brennstoff in diese verdichtete Luft eingespritzt wird, zündet das dann entstandene Gemisch von selbst. Der Dieselmotor wird deshalb auch „Selbstzünder“ genannt.

Bis dieses Prinzip funktionierte, dauerte er allerdings lange Jahre. Zum erstenmal beschrieben war der neue Motor in Diesels erster Patentschrift von 1893. Außerdem legte er sein neues Prinzip, um die Fachwelt auf sich aufmerksam zu machen, im selben Jahr in der Schrift „Theorie und Konstruktion eines rationellen Wärmemotors" dar.

Etwa zur selben Zeit entwickelten andere Ingenieure - Otto Köhler, Emil Capitaine und Julius Söhnlein - dieselben oder ähnliche Vorstellungen. Aber während es in ihrem Fall bei der Theorie blieb, brachte Diesel die entscheidende Leistung zustande: die Realisierung.

Der Durchbruch

Gestützt auf ein positives Gutachten von Professor Moritz Schröter von der Technischen Hochschule München, gewann Diesel zwei der bedeutendsten deutschen Unternehmen für Finanzierung, Entwicklung und Bau: die Maschinenfabrik Augsburg, die spätere MAN, sowie Krupp in Essen. In einem Vertrag mit diesen beiden Unternehmen wurde Diesel ein Jahresgehalt von 30.000 Mark garantiert, so daß er seinen Beruf - Verkauf und Installation von Lindeschen Eismaschinen zunächst in Paris und dann in Berlin - aufgeben konnte. Als Gegenleistung trat er die deutschen und österreichischen Patente ab.

Für die eigentliche Entwicklung des Motors rechnete Diesel mit einigen Wochen. Es wurden vier Jahre: 1893 bis 1897. In dieser Zeit entstanden in Augsburg zwei Motoren. Erst der zweite lief zufriedenstellend. Deshalb gilt dieses Triebwerk, das heute im Deutschen Museum steht, als der 1. Dieselmotor der Welt. Die offizielle Abnahme fand am 17. Februar 1897 statt: die Geburt des Dieselmotors. Der Brennstoff war Petroleum. Es war, so der Erfinder, „eine schöne und sanft laufende, sehr einfach und leicht zu handhabende Maschine". Und an seine Frau Martha, die er in Paris kennengelernt und 1883 in München geheiratet hatte, schrieb er: „Noch kein menschlicher Motor hat das erreicht, was der meine ergab, und so habe ich denn das stolze Bewußtsein, in meinem Fache der Erste zu sein."

Durch den Verkauf der Patente ins Ausland wurde Diesel mehrfacher Millionär. Allein 900.000 Mark - damals eine erhebliche Summe - ließ er sich eine Jugendstilvilla in der Maria-Theresia-Straße 32, heute 27, kosten. Der damalige Stararchitekt Max Littmann baute sie 1899 bis 1901.

Das geschäftliche Desaster

Bereits 1895 war die Familie von Berlin in die Nähe des Motors gezogen, aber nicht in das kleine Augsburg, sondern in das kunstsinnige München. Man wohnte zunächst in der Giselastraße 14, von 1897 bis 1901 in der Schackstraße 2.

Dann aber begann Diesels finanzielles Desaster: Er gründete in Augsburg trotz der Konkurrenz der MAN eine eigene Maschinenfabrik, die bald zusammenbrach. Das meiste Geld aber verlor er durch ungünstige Immobiliengeschäfte. Aus falsch verstandenem Stolz offenbarte er sich niemandem, sondern wählte, wohl auch immer mehr in Depressionen versinkend, den Freitod. Erst danach kam bei der Prüfung der Unterlagen heraus, daß er hochverschuldet war. Eugen Diesel: „Wir waren arm."

Erst seit dem Entstehen der Bauten für die Olympischen Spiele von 1972 gibt es in München eine Dieselstraße: ein 50 Meter langer Abschnitt bei der ehemaligen Olympischen Pressestadt.

Hugo Junkers

Lebensabend in Bayern

Mit München verbunden ist einer der Granden des deutschen Flugzeugbaues, von dem die Beziehung zur bayerischen Landeshauptstadt in der breiteren Öffentlichkeit wenig bekannt ist: Hugo Junkers verbrachte seine letzten Lebensjahre in Bayern. Er starb am 3. Februar 1935 in Gauting bei München an seinem 76. Geburtstag. Vorausgegangen waren mehrere Krankheiten, Junkers war zermürbt von Schikanen und Erpressungen der Nationalsozialisten.

Junkers bezeichnete sich als „Forscher und Wissenschaftler und nebenbei Fabrikant". „Nebenbei" war eine eigenwillige Untertreibung; denn er gründete nicht weniger als 24 Firmen und leitete sie in der Manier eines Patriarchen.

Mit seinem Namen verbunden sind mehrere bedeutende flugzeug- und triebwerktechnische Neuerungen: der erste verspannungslose „dicke" Flügel" 1915 in der „J 1", das erste Verkehrsflugzeug mit geschlossener Passagierkabine und in Ganzmetallbauweise in der „F 13" sowie 1929 der erste flugeinsatzfähige Dieselflugmotor, auch als „Schwerölmotor" oder „Junkers-Dieselmotor" bezeichnet. Der Motor wurde erstmals in eine „F 24" eingebaut, das „F" stand für „einmotoriges Verkehrsflugzeug".

Die „F 13" revolutionierte die Verkehrsfliegerei. Als sie 1919 am Himmel erschien, saßen in allen anderen Flugzeugen die Passagiere noch im Freien. Die „F 13" stand von 1921 bis 1932 bei nicht weniger als 32 internationalen Luftverkehrsgesellschaften in Dienst. Ein früher „F 13"-Fluggast war 1921 Albert Einstein. Die „Deutsche Luft Hansa" (DLH) war Dauerkunde bei Junkers. Vom Zeitpunkt der DLH-Gründung 1926 bis 1933 kam rund die Hälfte der DLH-Maschinen von Junkers, mit Abstand gefolgt von Dornier- und Fokker-Mustern.

Mit Junkers-Motoren wurden in den zwanziger Jahren zahlreiche Weltrekorde aufgestellt, und auch die berühmte erste Atlantik-Überquerung von Europa nach Amerika 1928 durch

Köhl, Fitzmaurice und Hühnefeld gelang mit einem Junkers-Flugzeug mit Jumo (**Ju**nkers-**Mo**tor). Es war eine einmotorige „W 33“, eine weiterentwickelte „F 13“, vor allem aerodynamisch optimiert, was den Treibstoffverbrauch verringerte und das Flugzeug damit für Langstreckenflüge prädestinierte.

Schließlich gilt die dreimotorige „Ju 52“ noch heute als Synonym für Zuverlässigkeit und Robustheit. In Rundflügen befördert die „Tante Ju“ nach wie vor Passagiere.

Auf den Namen Hugo Junkers waren bis zu Junkers' Ausscheiden aus Dessau im Herbst 1933 allein in Deutschland 350 Patente eingetragen, wobei zahlreiche Erfindungen allerdings von Mitarbeitern stammten, die aber, wie früher üblich, unter dem Namen des Firmeninhabers angemeldet wurden.

Zunächst Lokomotivführer

Junkers wurde 1859 im damals preußischen Rheydt als Sohn eines Textilfabrikanten geboren, studierte in Berlin, Karlsruhe und Aachen Maschinenbau und Wärmelehre und arbeitete nach dem Studium zunächst als Lokomotivführer und für den Funktechnik-Pionier Adolf Slaby.

1890 gründete Junkers gemeinsam mit dem Direktor der „Kontinental Gasgesellschaft“ in Dessau, Wilhelm von Oechelhaeuser, eine Versuchsanstalt für Gasmotoren. „Diese Arbeit“, so die DASA-Chronologie „Zeit im Flug 1994“, „wurde für Junkers zur Grundlage seiner jahrzehntelangen Beschäftigung mit thermodynamischen und motortechnischen Problemen“.

Aus der Forschungsarbeit gingen Produkte hervor, die Junkers ab 1895 in seiner eigenen Firma „Junkers & Co“ (Ico) in Dessau herstellte: u. a. Gas-Badeöfen und Gasheizungen. Die Massenproduktion machte ihn finanziell unabhängig und ermöglichte ihm weitere Forschungen, vor allem im Bereich des neu aufkommenden Flugzeugbaues.

Für die Gasbadeöfen wurde geschickt Reklame gemacht. „Bade und brause mit Junkers zuhause“, lautete ein Werbespruch der „Ico“. Auf anderen Werbefotos hieß es, Junkers-Badeöfen seien auch von Kindern leicht zu bedienen und erfrischend für deren Mütter. Auf dem betreffenden Foto war nicht nur das Kind, sondern auch die junge hübsche Mutter unbekleidet abgebildet - man schrieb Anfang der zwanziger Jahre.

Neben der industriellen Tätigkeit lehrte Junkers von 1897 bis 1912 an der Technischen Hochschule in Aachen. Hier befaßte er sich mit Fragen der Strömungstechnik und fand bei Windkanalversuchen heraus, daß ein Flugzeugflügel für einen besseren Auftrieb nicht möglichst dünn, wie damals üblich, sondern „dick" und innen hohl zu sein habe. Außerdem sei eine Optimierung der Aerodynamik am Flugzeug nur mit einer metallenen Bauweise zu erreichen.

Außer beim Konkurrenten Claude Dornier in Friedrichshafen bestand das Flugzeug damals in der Vorstellung der Konstrukteure aus Holz mit Stoffbespannung. Die „J 1" von 1915 war auch das erste Ganzmetallflugzeug der Welt.

Anfang der dreißiger Jahre gebot Hugo Junkers über die größte deutsche Flugzeugfabrik, geriet 1932 im Gefolge der Weltwirtschaftskrise sowie wegen überdurchschnittlich hoher Aufwendungen für Forschungsprojekte aber in wirtschaftliche Schwierigkeiten.

Zugleich war Junkers bereits seit längerem ein entschiedener Gegner der Nationalsozialisten, wie Günter Schmitt in „Junkers und seine Flugzeuge" berichtet. Junkers hatte u. a. 1925 ein Gesuch von Hermann Göring um Anstellung in einem Junkers-Zweigwerk in Schweden abgelehnt. Außerdem hatte er sich öffentlich immer wieder zur ausschließlich friedlichen Nutzung der Luftfahrt bekannt. Für die Nationalsozialisten war er daraufhin ein „Pazifist und Friedensfreund" und stand mit dieser Haltung deren Aufrüstungsplänen im Weg.

Als politisch unzuverlässig galt er den Nationalsozialisten ferner, weil er von 1923 bis 1927 ein Zweigwerk in Fili bei Moskau unterhielt und dabei beim Aufbau einer russischen Flugzeugindustrie half. Den Vertrag für diese Zusammenarbeit hatte Junkers am 6. Februar 1922 geschlossen, somit noch *vor* dem deutsch-russischen Vertrag von Rapallo vom 16. April 1922.

Aus all diesen Gründen setzten die braunen Machthaber, kaum daß Hitler am 30. Januar 1933 Reichskanzler geworden war, alles daran, Junkers aus der Leitung seines Konzern zu entfernen, um die Fabriken ungestört in ihrem Sinn nutzen zu können.

Bereits am 2. Februar 1933 forderte das Reichsluftfahrtministerium Junkers auf, die auf seinen Namen eingetragenen Patente und deren Schutzrechte auf die „Junkers Flugzeugwerke AG" (Ifa) und die „Junkers Motorenbau GmbH" (Jumo) zu übertragen.

Junkers weigerte sich, worauf die Nazis mit Verboten und Psychoterror eine Zermürbungstaktik in Gang setzten, die im Oktober 1933 schließlich in der Drohung einer „strafrechtlichen Verfolgung des Prof. Junkers" gipfelte. Grundlage bildete die am 28. Februar 1933 erlassene berüchtigte „Verordnung zum Schutz von Volk und Staat", die u. a. „Beschränkungen der persönlichen Freiheit...sowie Beschränkungen des Eigentums auch außerhalb der hierfür bestimmten gesetzlichen Grenzen" vorsah.

Ein Haus in Bayrischzell

Die Vorgänge spielten sich zu einem großen Teil bereits in Bayern ab; denn Junkers hatte seit dem Ersten Weltkrieg ein Haus in Bayrischzell und hielt sich dort immer häufiger auf. Nachdem im März 1933 drei seiner leitenden Mitarbeiter für einige Wochen in „Schutzhaft" genommen und Ermittlungen gegen den ältesten Junkers-Sohn Klaus aufgenommen worden waren, kapitulierte Junkers am 31. Mai 1933 zum ersten Mal und übertrug seine Patente auf Ifa und Jumo.

Doch noch war er Eigentümer seines Konzern, und so drohte ihm im Oktober 1933 der Dessauer Oberstaatsanwalt Lämmler im Auftrag des Reichsluftfahrtministeriums mit einem Landesverratsprozeß, so daß Junkers am 17. Oktober 1933, von der Polizei von Bayrischzell nach Dessau geholt, einwilligte, 51 Prozent von Ifa und Jumo abzugeben: Eine Enteignung.

Nach seinem Tod übernahm das Reichsluftfahrtministerium dann sämtliche Aktien und Geschäftsanteile von Ifa und Jumo, und die Witwe Therese Junkers erhielt laut Günter Schmitt dafür sowie für die Patente insgesamt 30,62 Millionen Mark, einen Schleuderpreis.

Junkers mußte seinen Paß abgeben und erhielt Bayrischzell als Zwangsaufenthalt zugewiesen, sein Telefonanschluß wurde gesperrt, und zu seinem 75. Geburtstag am 3. Februar 1934 durfte ihm nicht einmal sein Sohn Klaus gratulieren. Später wurde die Bestimmung über den Zwangsaufenthalt gelockert, und Junkers eröffnete in der Münchner Königinstraße noch einmal ein Forschungsbüro. Dort befaßte er sich einmal mehr mit neuer Technik: der Entwicklung von Metallhochhäusern. Nach und nach folgte die ganze Familie - Junkers hatte 12 Kinder - dem Familienoberhaupt nach München bzw. in benachbarte Orte nach.

Im Dezember 1934 zog Junkers nach Gauting in ein dort gekauftes Wohnhaus in der Germeringerstraße. Er erlag den Folgen einer Operation. Sein Leichnam wurde am 6. Februar 1935 auf dem Münchner Ostfriedhof in aller Stille eingeäschert und die Urne am 9. Februar 1935 auf dem Münchner Waldfriedhof Alter Teil (146-W-25) beigesetzt. Die Villa wurde 1945 von den Amerikanern beschlagnahmt und nach der Rückgabe umgebaut. Therese Junkers zog in das Haus in Bayrischzell. Sie starb nach Angaben des Enkels Bernd Junkers am 4. Dezember 1950.

HUGO JUNKERS war einer der berühmtesten und kreativsten deutschen Flugzeugkonstrukteure. Im Alter von 75 Jahren eröffnete er in der Münchner Königinstraße noch einmal ein Ingenieurbüro.

Alois Wolfmüller

Flugpionier und Motorrad-Fabrikant

Er muß schon ein rechter Sonderling und Einzelgänger gewesen sein, dieser Ingenieur Alois Wolfmüller, sogar für die Verhältnisse von querköpfigen Tüftlern und Erfindern noch etwas eigenbrötlerischer - und lange ganz und gar ein Nicht-Name, obwohl er 40 Jahre in München lebte und arbeitete. Dabei gehen auf Wolfmüller zwei Erstleistungen zurück: Er war der Konstrukteur des ersten Serienmotorrades der Welt, und er hat als bedeutender Flugtechniker einen Gleiter gebaut, dessen Flügel in ihrer Neigung und Wölbung mit Hilfe zweier Hebel verändert werden konnten. „Es war dies die erste ausgeführte Flügelverwindung der Welt", so Werner Schwipps in seiner Biographie „Alois Wolfmüller - Erfinder und Flugtechniker".

Doch Wolfmüller war ein miserabler Geschäftsmann und vermochte sich zudem nicht zu „verkaufen", so daß sein Leben eine einzige Folge von Rückschlägen war. Ein Photo, das ihn mit 69 zeigt, weist einen Mann im steifen „Vatermörder" und mit harten Falten im Gesicht aus. Im Blick, starr nach vorne gerichet, liegt die Vergeblichkeit vieler Jahre - aber auch ein ungebrochener Geist.

Wolfmüller wurde erst 1991 bei den Vorbereitungen zum Lilienthal- Gedenkjahr „100 Jahre Menschenflug 1891-1991" wiederentdeckt, und zwar anhand seiner Korrespondenz mit dem weltberühmten Berliner Flugpionier. Und inzwischen stehen Wolfmüller-Gleiter beziehungsweise Teile von ihnen in der Schleißheimer Flugwerft, einem Zweigmuseum des Deutschen Museums. Die Gleiter sind dort neben einem Flugapparat Lilienthals aufgebaut - womit Wolfmüller posthum jene Anerkennung widerfahren ist, auf die er sein ganzes Leben lang vergeblich hoffte. Zudem ist nach Wolfmüller eine Straße im Münchner Norden benannt, auch diese Ehrung in unmittelbarer Nachbarschaft zu einer Lilienthalallee.

Der Erfinder wurde am 14. April 1864 in Landsberg am Lech als Sohn eines Drechslers geboren und beobachtete schon als Kind vom elterlichen Haus aus „das leichte Segeln von Falken, Turmseglern, Schwalben, Bussarden und Milanen“, wie er später schrieb.

1880 baute er dann jeweils als Modell einen „Rotationsapparat“ und 1886 einen ersten einfachen Gleiter. Über Versuche mit dem Gleiter berichtete er 1887 dem Deutschen Verein zur Förderung der Luftschiffahrt in Berlin und wurde in einem Antwortschreiben ermuntert, mit den Tests fortzufahren. Unterschrieben war der Brief vom Schriftführer des Vereins: Lilienthal.

Wanderjahre

Zunächst ging Wolfmüller bei seinem Vater in die Lehre und arbeitete während der damals üblichen Wanderjahre von 1891 bis 1893 u. a. als „Techniker“ bzw. „Constructeur“ bei der „Bielefelder Maschinen-Fabrik vormals Dürkopp & Co.“ sowie der „Rheinischen Gasmotorenfabrik Benz & Co.” in Mannheim.

Nachdem Carl Benz 1886 das erste Auto gebaut hatte, galt das Trachten der Techniker anschließend auch einem „Motor-Zweirad“. Alle Vorhaben scheiterten aber an den Dimensionen der damaligen Benzinmotoren: In einem der ersten Versuchsmotorräder wog der Motor zwei Zentner - und leistete ein Drittel PS.

Heimlich beschäftigte sich auch Wolfmüller schon während der Zeit bei Benz mit der Konstruktion eines leichten Motors für ein Fahrrad und suchte nach seinem Ausscheiden bei Benz per Inserat in den Münchener Neuesten Nachrichten nach einem „Kapitalisten mit 3.000 Mark“ für eine Motorrad-Produktion. Der Geldgeber fand sich in der Person des wohlhabenden Münchner Kaufmanns Heinrich Hildebrand (1855-1928), der außerdem seit 1887 eine Zeitschrift namens „Radfahr-Humor und Radfahr-Chronik“ herausgab.

ALOIS WOLFMÜLLER, Flugzeugbauer und Motorrad-Konstrukteur, auf einer Photographie aus dem Jahre 1918.

Zusammen mit einem Jugendfreund aus Landsberg, dem Ingenieur Hans Geisenhof, gelang es Wolfmüller in der Tat, ein erstes Motorrad mit einem Einzylinder- und ein zweites mit einem Zweizylinder-Motor zu bauen. Der Motor wog nur zwölf Kilogramm. Auf dieses zweite Baumuster erhielten Wolfmüller und Geisenhof Anfang 1894 gemeinsam ein Reichspatent, wobei in der Patentschrift erstmals das Wort „Motorrad“ auftauchte. Dieses Patent wollten die beiden Partner zunächst verkaufen - erfolglos. Erst dann beschlossen sie notgedrungen, selbst Motorräder zu produzieren. Im März 1894 wurde in München die Motor-Fahrrad-Fabrik Hildebrand & Wolfmüller gegründet.

Fünf „Fabriklokalitäten”

Und die Jungunternehmer wollten gleich groß einsteigen: 3.000 Maschinen pro Jahr waren das Ziel, und dafür wurden in München nicht weniger als fünf „Fabriklokalitäten“ mit zeitweise insgesamt 1.200 Arbeitern eingerichtet: in der Kolosseumstraße 1, der Müllerstraße 44 und der Müllerstraße 48, der Baumstraße 4a und der Zenettistraße 11.

Doch die Motorräder waren unzuverlässig, zudem wurden im ersten Jahr nicht 3.000, sondern nur rund 100 Maschinen gebaut (Preis ab München 1.200 Mark), und so war angesichts dieses Mißverhältnisses zwischen Aufwand und Ergebnis das Scheitern der Firma vorprogrammiert. Den Konkurs konnte Hildebrand dann immerhin durch den Verkauf des Motorrad-Patentes nach Frankreich abwenden.

Wolfmüller jedoch, der zuvor aus der Firma ausgeschieden war, behielt aus der Pleite nichts als Schulden und litt Zeit seines Lebens Not und Entbehrung. Damit erklärt sich auch sein Scheitern als Flugpionier; denn während Lilienthal in Berlin seine Flugversuche aus den Erlösen einer gutgehenden Maschinen- und Dampfkessel-Fabrik finanzieren konnte, besaß Wolfmüller nicht die geringste finanzielle Basis und mußte somit immer wieder als Bittsteller bei privaten und staatlichen Stellen auftreten - und dies oft genug vergeblich. Wolfmüllers Tatendrang war freilich ungebrochen. Schon im Herbst 1893 hatte er seine Korrespondenz mit Lilienthal begonnen, der seit 1891 von „Fliegebergen“ in und bei Berlin seine berühmten Flugversuche mit selbstgebauten Gleitern unternahm und die Gleiter auch an Interessenten verkaufte - zum Selbstkostenpreis von 300 und später 500 Mark. (Gleiter sind Flugapparate, die im Gegensatz zu Segelflugzeugen über den Startpunkt hinaus keine Höhe gewinnen können.)

Die Korrespondenz zwischen Wolfmüller und Lilienthal zog sich bis März 1896 hin und gilt heute als eine der wertvollsten Dokumentationen der frühen deutschen Luftfahrtgeschichte. Die erhaltenen Briefe - zwei von Wolfmüller, elf von Lilienthal - werden im Deutschen Museum aufbewahrt.

Einen ersten manntragenden Gleiter soll Wolfmüller 1893 konstruiert haben, allerdings sind darüber keine Einzelheiten bekannt. Ende 1894 erwarb er einen Lilienthal-Gleiter, den sogenannten „Normal-Segelapparat“, mit dem er noch im Winter Flugversuche auf dem Lechfeld unternahm.

1895 baute er seinen ersten dokumentierten Gleiter, bei dem die bereits erwähnte erste Flügelverwindung der Welt ausgeführt, der also steuerbar war. Wolfmüller war damit technisch weiter als Lilienthal, der seine Gleiter nur durch bloße Verlagerung des Körpergewichts dirigieren konnte. Allerdings ist Wolfmüller für diesen „Gleitflugapparat“ kein Patent erteilt worden. Dem Kaiserlichen Patentamt in Berlin war die Beschreibung zu ungenau. Das Ende des Gleiters kam, als ein Flügel abbrach: Für die Reparatur hatte Wolfmüller kein Geld.

Lilienthals tödlicher Absturz am 9. August 1896 in den Rhinower Bergen beendete die briefliche Zusammenarbeit, zu einer persönlichen Begegnung zwischen Wolfmüller und Lilienthal war es nie gekommen. Zugleich bedeutete das Fiasko mit der Motorrad-Fabrik auch das vorläufige „Aus“ für Wolfmüllers Flugexperimente und damit praktisch auch schon seine historisch interessante Schaffensperiode.

Über all seinen künftigen Unternehmungen lag eine fast gespenstische Mischung von Tragik und Pech, wobei er aber bis ins hohe Alter hinein gleichwohl frei von Resignation blieb. Unter anderem betrieb er von 1899 bis 1901 in München-Unterföhring zusammen mit seinem alten Partner Hildebrand eine „Flugmaschinenfabrik“, die aber keine einzige flugfähige Flugmaschine hervorbrachte, obwohl Wolfmüller einen leichten Dreizylinder-Motor mit dem für damalige Verhältnisse sensationellen Verhältnis von 18 PS Leistung bei 36 Kilogramm Gewicht konstruierte - falls Wolfmüllers Angaben stimmen.

Außerdem baute er zwischen 1906 und 1908 weitere Gleiter, deren Flüge photographisch dokumentiert sind, die aber von der Entwicklung überholt waren; denn 1901 beziehungsweise 1903 hatten in den USA bereits die ersten Motorflüge durch Gustav Weiskopf und die Brüder Wright stattgefunden.

Ein Jahr lang arbeitete Wolfmüller 1908 in München mit dem Berliner Dr. Waldemar Geest zusammen. In Wolfmüllers Werkstatt in der Auenstraße wurde ein Geest-Wolfmüller-Flugapparat gebaut. Nach der Trennung konstruierte Geest in Berlin das seinerzeit recht bekannte Motorflugzeug „Geest-Möwe“.

Unverdrossen erfolglos

Auch mit zahlreichen seiner vielen künftigen Tüfteleien hinkte er entweder der Zeit hinterher oder war ihr voraus. Gleichwohl meldete er die Erfindungen trotz seiner ständigen Geldnöte stets unverdrossen als kostspielige Patente an, die aber allesamt kein Interesse fanden.

Seinen Lebensunterhalt bestritt er mehr oder weniger von der Pension seiner Lebensgefährtin, einer pensionierten Lehrerin, die er 1908 kennengelernt hatte und mit der er 1941 von München nach Oberstdorf zog. Dort starb er am 3. Oktober 1948 völlig verarmt.

Erich von Drygalski

Kühne Expeditionen ins ewige Eis

In München hat es neben zahlreichen Erfindern auf dem Gebiet der Technik auch einen kühnen Erforscher unbekannter Landschaften gegeben. Im Süden der Landeshauptstadt ist eine Straße nach ihm benannt: die Drygalski-Allee. Erich von Drygalski (1865-1949) stieß per Schiff, auf Schneeschuhen und mit Hundeschlitten weit in gänzlich unbekannte Gebiete der Arktis und der Antarktis vor, in von ewigem Eis bedeckte, furchterregende *terrae incognitae*: Er führte 1891-1893 bahnbrechende Erkundungen auf Grönland durch und leitete 1901-1903 die erste deutsche Antarktis-Expedition, die überhaupt stattfand. Er wurde dadurch eine Weltautorität auf dem Gebiet der Polarforschung und war ein großer Gelehrter.

Die Allerersten

„Der Umfang der mit dem Jahr 1901 begonnenen Südpolforschungen", so Drygalski selbst, „hat sich von Deutschland her auf alle Kulturnationen erstreckt. In der Würdigung der Bedeutung dieses Unternehmens für die Wissenschaft und die Schifffahrt und damit für unser nationales Leben ist Deutschland hinter den anderen Nationen nicht nur nicht zurückgeblieben, sondern allen vorangeschritten". Die Teilnehmer der Drygalski-Expedition waren die ersten Menschen, die in der Antarktis jenes Territorium erkundeten, das sich südlich von Indien erstreckt. Sie nannten es Kaiser-Wilhelm II.-Land (zwischen 85 Grad und 92 Grad ö. L.).

Ein Zugereister

Die Expedition erreichte in Deutschland vor dem Ersten Weltkrieg einen solchen Grad von Popularität, daß ihre Erlebnisse sogar in weit verbreiteten „Büchern für die Jugend" beschrieben wurden und ihre Taten Eingang in den Schulunterricht fanden. Nach ihrem Schiff, dem Gauß, wurden die Eisland-Fahrer achtungsvoll Gaußmänner genannt. Die Bezeichnung des Schiffes nach dem berühmten Mathematiker und Astronomen Karl Friedrich Gauß (1777-1855) war gewählt worden, um den rein wissenschaftlichen Charakter der Reise zu betonen und weil Gauß selbst bereits in den vierziger Jahren des 19. Jahrhunderts die Erforschung der Antarktis angemahnt hatte. Das Schiff wurde übrigens nicht „die“, sondern „der“ Gauß genannt.

In München war Drygalski einer der zahlreichen berühmten Zugereisten. In Königsberg als Sohn eines Gymnasialdirektors geboren, lebte er in München von 1906 bis zu seinem Tod und wirkte von 1906 bis zu seiner Emeritierung 1935 an der Ludwig-Maximilians-Universität (LMU), in den Krisenjahren 1921/22 als Rektor.

Mit Drygalski begann an der LMU überhaupt erst die Geschichte des Faches Geographie. Für ihn wurde das Ordinariat Geographie geschaffen, und er gründete das heute in der Luisenstraße angesiedelte Institut für Geographie. Er war einer jener Geographen und Geodäten (Landvermesser im Sinn von Erdvermessung), der dem damals noch jungen Fach Geographie Reputation verschaffte, nachdem sich Geographie als selbständige wissenschaftliche Disziplin erst gegen Mitte des 19. Jahrhunderts von den anderen Wissenschaften abgezweigt hatte.

Zunächst studierte Drygalski Mathematik und Physik, wurde aber dann durch den großen China-Forschungsreisenden Ferdinand von Richthofen (1833-1905) zur Geographie gebracht. An der Universität Berlin war der gleichaltrige Sven Hedin einer seiner Kommilitonen.

Fasziniert vom Eis

Von Beginn an faszinierte Drygalski das Eis: seine Beschaffenheit und seine Fließgeschwindigkeit in Gletschern. Schon seine Doktorarbeit 1887 an der Universität Berlin befaßte sich mit der Bewegung der Kontinente zur Eiszeit, und deren Zusammenhang

ERICH VON DRYGALSKI war eine Weltautorität auf dem Gebiet der Polarforschung und leitete von 1901 bis 1903 die erste deutsche Antarktis-Expedition.

mit den Wärmeschwankungen und Klimaveränderungen ist heute aktueller denn je.

Bald erkannte Drygalski jedoch, daß die Theorie durch Beobachtungen und Messungen an lebenden Gletschern ergänzt und erweitert werden müsse. Am gründlichsten und in größerem Maßstab konnten diese „glacialen“ Probleme in Grönland und in der Antarktis studiert werden. Dort gab es „Vereisungen“, die noch am ehesten mit den Eisströmen der Eiszeit vergleichbar waren, viel mehr jedenfalls als die vergleichsweise kleinen Gletscher der Alpen.

Durch seine Doktorarbeit als „Glaciologe“ (Eis-Experte) ausgewiesen, entsprach die Berliner Gesellschaft für Erdkunde nicht nur seinem Wunsch nach einer Grönland-Expedition, sondern wandte sich sogar an Kaiser Wilhelm II. persönlich um finanzielle Unterstützung. „Seine Majestät“ hatten denn auch „die Gnade, Allerhöchst Ihr Interesse an der Unternehmung durch huldvolle Gewährung des Gesuches zu bekunden“.

Drygalski war da gerade 26 Jahre alt. Doch schon damals zeichneten ihn Eigenschaften aus, die seine Unternehmungen stets von Erfolg gekrönt enden ließen: Gründlichkeit, Führungsqualitäten und Organisationstalent.

Hinzu kam seine Konzentration auf den wissenschaftlichen Wert der Reise, was ihm allerdings nach seiner Antarktis-Expedition auch Kritik eintrug: Wenn er schon einmal so weit im „eisigen Süden“ war, so wurde angeführt, hätte er doch tiefer in den unbekannten Kontinent eindringen, womöglich den Engländer Robert Falcon Scott übertreffen können, der zur gleichen Zeit, 1902, so tief wie zuvor kein anderer in Richtung Südpol vordrang, bis auf 82 Grad 17' südliche Breite. Drygalski antwortete auf solche Vorhaltungen stets, derlei „sportliche“ Aktivitäten hätten keine Zeit mehr für wissenschaftliche Forschungen gelassen.

Dabei vollbrachte auch Drygalski gleichsam nebenbei ebenfalls gewaltige „sportliche“ Leistungen. Sowohl in Grönland als auch in der Antarktis führte er mit Schlittenhunden mehrere lange, jeweils einen Monat dauernde Exkursionen in gänzlich unerforschte und unwirtliche Landstriche durch.

Insgesamt unternahm Drygalski zwei „Grönlandfahrten“, so seine eigene Bezeichnung: die erste 1891 nur zur Erkundung eines Arbeitsplatzes in Westgrönland und die eigentliche Hauptexpedition vom 1. Mai 1892 bis 14. Oktober 1893. Sein Quartier schlug er an einer Stelle unter 71 Grad Br. auf, wo sich die größten Eisströme Grönlands befinden und wo die meisten Eisberge geboren werden, die dann weit hinunter nach Süden schwimmen und dort eine ständige Gefahr für die Schiffahrt bilden - wie etwa in dramatischer Weise beim Titanic-Unglück von 1912.

Ganz neues Wissen

Zu jenem Zeitpunkt galt noch nicht einmal als gesichert, ob Grönland überhaupt eine Insel war! Eine der Erkenntnisse Drygalskis besagte, daß sich die vom Inlandeis ewig gespeisten Eisströme Westgrönlands mit der vergleichsweise enormen Geschwindigkeit von fünf bis 20 Metern innerhalb von 24 Stunden vorwärtsbewegen - und im Meer entsprechend viele gefahrbringende Eisberge bilden.

„Atata Drygalski“

Schon bei dieser ersten Reise des noch ganz jungen Drygalski muß vor allem seine Persönlichkeit imponiert haben: Die Eskimos nannten ihn „Atata Drygalski“, „lieber Vater Drygalski“. Und auch seine Schüler später in München bezeichneten ihn als „Vater“. Nach damaligem Verständnis bedeutete dies eine Steigerung von „Meister“.

Durch seine Grönland-Erfahrungen war Drygalski als Leiter prädestiniert, als gegen Ende des 19. Jahrhunderts von deutschen Geographen immer lautstärker eine deutsche Antarktis-Expedition gefordert wurde, weil auch englische und französische Expeditionen ausliefen. Das Reich selbst trug die Kosten: eineinhalb Millionen Mark, damals eine gewaltige Summe. Dafür wurde extra ein Schiff gebaut, eben der Gauß: ein Dreimastschoner mit Hilfsdampfmaschine, fast vollständig aus Holz bestehend, um nicht die magnetischen Messungen zu stören.

Fülle an Daten

Die Gauß-Reise dauerte zweieinviertel Jahre, fast ein Jahr davon war das Schiff im Packeis am Rand des Kontinents eingeschlossen (auf 66 Grad s. Br., 90 Grad ö. L.). Die Expedition erbrachte so viele Detailerkenntnisse auf geographischem, geologischem, meereskundlichem, meteorologischem, erdmagnetischem und biologischem Gebiet, daß Drygalski anschließend in München 28 Jahre für 20 Schrift- und zwei Kartenbände benötigte, um alle wissenschaftlichen Ergebnisse aufzuarbeiten und niederzulegen.

Auch während seiner Münchner Zeit ließ Drygalski die Beschäftigung mit eisigen Zonen nicht los. Er nahm 1910 an einer Forschungsreise nach Spitzbergen teil und beriet unter anderem zwei andere berühmte deutsche Forscher: Wilhelm Filchner, der 1911/12 die 2. deutsche Antarktis-Expedition unternahm, sowie Alfred Wegener, der 1912/13 Grönland durchquerte und 1930 bis 1932 eine weitere Grönland-Expedition leitete. Außerdem bereiste Drygalski Sibirien und Nordamerika.

Er starb im Alter von 84 Jahren „plötzlich und ohne lang krank gewesen zu sein“, wie es in einem Nachruf hieß, „Arbeitend bis zur buchstäblich letzten Minute seines Lebens, ist er still aus dieser Welt gegangen“.

Albert Einstein

Das Genie aus der Adlzreiterstraße

In den meisten Einstein-Biographien ist die Münchner Zeit des genialen Physikers eher kurz oder fehlerhaft abgehandelt (beispielsweise Verwechslung von Adelheid- und Adlzreiterstraße). Eine Ausnahme macht hier die vorzügliche Einstein-Biographie von Albrecht Fölsing. Einstein verbrachte immerhin 15 Jahre seines Lebens in München, und in München wurde die Basis für seine spätere Laufbahn als Physiker gelegt: hier zeigte sich schon früh seine überdurchschnittliche Begabung für Mathematik, Physik und Philosophie (mit 13 Jahren las er Kant!), und hier waren auch durchaus schon weitere wesentliche Eigenschaften ausgebildet: Neugier, Sich-Wundern, Beharrlichkeit und eine überwältigende Individualität, an der Grenze zum Sonderling.

Als er einmal gefragt wurde, woher er seine Begabung habe, antwortete er: „Ich habe keine besondere Begabung, sondern bin nur leidenschaftlich neugierig".

Ursprung in Schwaben

Schließlich datiert auch Einsteins Liebe zur Musik aus der Münchner Zeit. Seine Mutter war eine gute Pianistin und ließ ihrem Sohn seit dessen sechstem Lebensjahr durch verschiedene Hauslehrer Geigenunterricht geben. Und nicht zuletzt verzeichneten Einsteins Vater Hermann (1847-1902) und sein Onkel Jakob in München ihre größten geschäftlichen Erfolge.

Die Einsteins stammten ursprünglich aus dem schwäbischen Buchau (heute Bad Buchau) am Federsee, wo Juden schon seit Jahrhunderten ansässig waren. Hermann Einsteins Vorfahren waren Handwerker, er selbst war mathematisch interessiert, konnte wegen Geldmangels aber nicht studieren, so daß er nach der Mittleren Reife in Stuttgart eine kaufmännische Ausbildung absolvierte.

Anfang der siebziger Jahre trat er als Teilhaber in die Ulmer Bettfedernhandlung seiner Vettern Moses und Hermann Levi ein. Das Geschäft lag neben der 1873 eingeweihten Synagoge. Ein Elektrogeschäft, wie oftmals angegeben, hat Hermann Einstein in Ulm nie betrieben. Anfang der siebziger Jahre gab es überhaupt noch keine elektrotechnischen Artikel.

1876 heiratete Hermann Einstein in Cannstatt die von dort stammende Pauline Koch (1858-1920); auch sie, laut Albert Einsteins Geburtsurkunde „israelitischer Religion“. Ihr Vater betrieb zusammen mit seinem Bruder einen gutgehenden Getreidehandel und brachte es später sogar zum „Kgl.-Württembergischen Hoflieferant“.

Wohnung fand das junge Ehepaar in der Ulmer Bahnhofstraße 135, seit 1880 Nr. 20. Hier kam am 14. März 1879 Albert zur Welt. Das Geburtshaus fiel im Zweiten Weltkrieg Bomben zum Opfer.

Nach München zugezogen

Ein Jahr nach Alberts Geburt folgte die Familie Hermann Einsteins jüngerem Bruder Jakob nach München. Der hatte dort 1876 in der Müllerstraße 3 (heute 54) eine „Fabrik für Wasserförderung und Central-Heizungen (von der gewöhnlichen Saugpumpe an bis zu den kräftigsten Pumpen für sehr bedeutende Förderhöhen)“ gegründet. Die „Fabrik“, eher ein kleiner Handwerksbetrieb, nannte sich nun „J. Einstein & Co“.

Hermann Einstein war für den kaufmännischen, Jakob als gelernter Ingenieur (mit Ausbildung an der Polytechnischen Schule in Stuttgart) für den technischen Teil zuständig. Die beiden Parteien wohnten auch im Haus Müllerstraße 54, das im Zweiten Weltkrieg ebenfalls zerstört wurde.

Anfang der achtziger Jahre begann man die Aktivitäten auf die neue Elektrotechnik auszudehnen, damals High Tech, und 1882 beteiligten sich die Einsteins mit Dynamos und Bogenlampen auch bereits an der von Oskar von Miller organisierten Elektrotechnischen Ausstellung im Glaspalast, der ersten Messe dieser Art in Deutschland überhaupt.

ALBERT EINSTEIN, hier auf einem Foto aus einer alten Illustrierten, verbrachte 15 Jahre seines Lebens in München. Nicht selten gebrauchte er später in Briefen oder Gesprächen noch bayerische Ausdrücke wie „Dockerl" und „Hax'n". Und als er als berühmter Physiker einmal vor lauter Vortragseinladungen nicht mehr ein und aus wußte, stöhnte er: „Das beste, was der Mensch haben kann, ist sei Ruah".

Die Geschäfte mit der Elektrotechnik liefen darauf so gut, daß die Einsteins ein 4.800 Quadratmeter großes Areal hinter dem heutigen Goetheplatz zwischen dem Rengerweg - seit 1887 Adlzreiterstraße 14 (heute 12) - und Lindwurmstraße 125 erstanden. Dort errichteten sie eine „Electrotechnische Fabrik".

Geschäftserfolge

Die ersten größeren Erfolge ergaben sich durch die benachbarte Theresienwiese: Die elektrische Illuminierung der Oktoberfeste von 1885 und 1886, jeweils durch 16 Bogenlampen. Die Stromversorgung geschah per Freileitung durch eine 35-PS-Dampfmaschine in der Einstein-Fabrik. Auf die spezielle Ausführung der Bogenlampen sowie auf einen „Coulombzähler" besaß Jakob Einstein sogar ein Patent. Diese beiden Arbeiten brachten der Firma 1889 einen Großauftrag: Die Installation einer elektrischen Straßenbeleuchtung im damals noch selbständigen Schwabing. Es war die zweite permanente elektrische Straßenbeleuchtung in Bayern nach Nürnberg.

Die Anlage umfaßte 200 Glühlampen und zehn Bogenlampen, die über Freileitungen aus einer Maschinenanlage mit Gasmotoren an der Leopoldstraße mit Strom versorgt wurden. Die Einstein-Fabrik wuchs darauf auf 200 Mitarbeiter an und gehörte damit zu den größten Münchner Betrieben überhaupt. Außer einem großen Wohnhaus an der Adlzreiterstraße besaßen die Einsteins auch ein hübsches Gartenhaus neben der Fabrik.

Dann jedoch erhielt 1894 bei der Ausschreibung für eine elektrische Straßenbeleuchtung in München nicht die einheimische Firma Einstein den Auftrag (und auch nicht der Großbetrieb Siemens), sondern der Nürnberger Sigmund Schuckert.

Für die Einstein-Fabrik bedeutete dies das geschäftliche „Aus" in München. Die Brüder gaben noch 1894 das Werk auf und wanderten nach Italien aus und ließen sich mit einer neuen Fabrik in Mailand und dann in Pavia nieder. In Mailand starb Hermann Einstein 1902. Pauline Einstein überlebte ihren Mann um 18 Jahre, wurde Zeugin des Erfolgs ihres Sohnes und zog nach Berlin, Albert Einsteins Wirkungsstätte ab 1913.

In die Münchner Werkhalle zog, wie der Physiker Siegfried Waagner herausfand, zunächst eine Schuh- und 1933 eine Tabakfabrik. Der Tabakfabrikant verkaufte den Besitz 1938 bei seiner Emigration in die USA. Nach der „Reichskristallnacht“ am 10. November 1938, als die Münchner Hauptsynagoge zerstört wurde, richteten die Münchner Juden in der Fabrikhalle eine Notsynagoge ein. Vom Herbst 1943 an, als die letzten Münchner Juden deportiert waren, stand die Halle leer, verfiel, wurde aber 1959 nach dem alten Grundriß wiederaufgebaut. Später mußte sie einem Wohnhaus weichen.

Schule in München

Die Häuser von Hermann und Jakob Einstein wurden 1943 bei zwei Bombenangriffen beschädigt beziehungsweise zerstört. Am Haus Adlzreiterstraße 12 erinnert eine Tafel an den weltberühmten Bewohner: „Albert Einstein verbrachte seine Kindheit und frühe Jugend in diesem Haus von 1885 bis 1894“. Für die Jahre 1880 bis 1885 in der Müllerstraße 54 gibt es keine Erinnerungstafel.

Seine Schulzeit begann Albert Einstein in der (katholischen) Volksschule in der Blumenstraße 61. Der noch bestehende Monumentalbau am Sendlinger-Tor-Platz wurde 1876/77 von August von Voit d. J. erbaut, dient heute als Berufsschule und wird populär „Blumenschule“ genannt. Eine jüdische Grundschule gab es zu jenem Zeitpunkt in München nicht.

Im Herbst 1888 wechselte Einstein bis 1894 in das in der Müllerstraße gelegene Luitpold-Gymnasium. Alte Ansichten zeigen einen düsteren, klobigen Bau. Wegen des autoritären Erziehungssystems, das allerdings dem schulischen Usus der Zeit entsprach, fühlte sich Einstein hier höchst unglücklich. Trotzdem brachte er keineswegs, wie eine lang gehegte Legende besagt, schlechte, sondern gute Noten nach Hause. Das Märchen vom schlechten Schüler Einstein war bereits 1929, anläßlich von Einsteins 50.

Die „Electro-technische Fabrik" von Jakob und Hermann Einstein in der Ludwigsvorstadt. Zeitweise waren hier 200 Mitarbeiter tätig.

Geburtstag, in den „Münchner Neuesten Nachrichten" widerlegt worden.

Das Luitpold-Gymnasium hatte danach mit dem Blaue-Reiter-Maler Franz Marc einen weiteren, später berühmt gewordenen Schüler und fiel im Zweiten Weltkrieg ebenfalls Bomben zum Opfer. Auf dem Trümmergrundstück errichteten die Münchner Elektrizitätswerke 1955 ein Heizkraftwerk. Seit 1965 gibt es in München-Harlaching ein Einstein-Gymnasium.

Nach Hermann und Jakob Einsteins Auswanderung nach Italien 1894 blieb Albert bei einem entfernten Verwandten in München zurück, um die Schule weiter zu besuchen. Er hielt es aber nur ein weiteres halbes Jahr aus, dann folgte er ohne schulischen Abschluß den Eltern nach Italien.

Zu Weltruhm gelangt

Das Abitur holte er dann im Schweizerischen Aargau nach und wurde Professor an der Universität Zürich sowie der Technischen Hochschule Zürich, ferner in Prag, Berlin und ab 1933 in Princeton/USA. Nach seiner Emigration hat er Europa nie mehr betreten. In Princeton starb er am 18. April 1955.

Einsteins Weltruhm begründete die spezielle Relativitätstheorie 1905 und die allgemeine Relativitätstheorie 1915. Den Nobelpreis von 1921 erhielt er „für die Entdeckung des Gesetzes des photoelektrischen Effektes".

In Princeton war von 1938 bis 1941 ein weiterer Münchner und Emigrant aus Deutschland Einsteins Nachbar: Thomas Mann. Der beschrieb den Physiker als einen Mann „mit schöner Silbermähne, Kuppelstirn und schalkhaft tiefem Blick".

Gustav Otto und Karl Rapp

Die Stammväter von BMW

Sie waren zwei Konstrukteure und Unternehmer, die sich mit frühen Industrien im Münchner Norden ansiedelten und dadurch als die Stammväter des heutigen Weltkonzerns BMW gelten: Gustav Otto (1883 - 1926) und Karl Rapp.

Otto war der einzige Sohn von Nicolaus August Otto, der 1864 in Köln-Deutz unter dem Namen „N. A. Otto & Cie“ die erste Motorenfabrik der Welt gegründet und 1876 den ersten Viertakt-Verbrennungsmotor konstruiert hatte. Seit 1872 arbeiteten Gottlieb Daimler und Wilhelm Maybach in der inzwischen in „Gasmotorenfabrik Deutz Aktiengesellschaft“ umbenannten Firma. Der Viertaktmotor bildete, weil vergleichsweise leicht und leistungsfähig, die Grundlage nicht nur für die Entwicklung des Autos, sondern auch des Motorfluges.

Als Nicolaus Otto 1891 starb, hinterließ er seiner Witwe ein ansehnliches Vermögen, und so konnte Gustav Otto nach dem Besuch des Gymnasiums in Köln ohne finanzielle Sorgen Maschinenbau studieren: an den Technischen Hochschulen Hannover, Karlsruhe und München. In München blieb er hängen - ohne Abschluß an der TH. „Er weicht dem Examen aus“, heißt es in eleganter Umschreibung in der BMW-Geschichte von Horst Mönnich („Vor der Schallmauer“).

Stattdessen zog es ihn in die Selbständigkeit, zunächst in die aufblühende Autobranche. In der Karlstraße 72 gründete er eine „Bayerische Auto-Garage - Einstellhallen, Reparatur, Werkstätte“. Dann gelang dem Franzosen Louis Blériot am 23. Juli 1909 die erste Kanal-Überquerung von Calais nach Dover im Flugzeug, und Blériot machte sich umgehend daran, seinen frischen Ruhm bei den gerade in Mode gekommenen „Flugwochen“ zu vermarkten, u.a. im September 1909 auf der Pferderennbahn in Köln.

Dort sah ihn Gustav Otto während eines Besuches daheim bei seiner Mutter, und damit stand für ihn seine berufliche Zukunft fest: Flugzeuge.

Gleich von Köln aus fuhr Otto nach Frankreich, kaufte drei Blériot-Flugapparate und brachte sich nach der Rückkehr nach München selbst das Fliegen bei. Eine der drei Maschinen ging dabei zu Bruch, derlei galt damals als Lehrgeld, Bruchlandungen waren an der Tagesordnung. Im Oktober 1910 erwarb er mit der Nummer 34 des „Deutschen Luftschiffer-Verbandes" einen der ersten deutschen Flugzeugführer-Scheine.

Zugleich betätigte er sich als Firmengründer en gros: „Gemeinnützige Akademie für Aviatik" auf dem Flugplatz Puchheim, „Zentralwerkstätten A. G. O." (**A**eroplanbau **G**ustav **O**tto) in der Karlstraße, zusammen mit einem Partner die „Aeroplanbau Otto & Alberti (Inhaber Gustav Otto)" sowie als wichtigster Betrieb die „Gustav Otto Flugmaschinenwerke" in der Schleißheimer Straße 135, etwa an der Ecke zur heutigen Herzogstraße.

Hinter der wohlklingenden Bezeichnung „Akademie" verbarg sich eine „Luftpilotenschule". Unter den Flugschülern befand sich 1915 auf dem Oberwiesenfeld ein später berühmter Kunstflieger: Der damals 19jährige Ernst Udet.

Die Schleißheimerstraße 135 blieb für Otto nur ein kurzes Zwischenspiel. Als Flugzeugbauer brauchte er einen nahe gelegenen Flugplatz, und am 3. März 1911 erhielt er vom Kgl. bayerischen Kriegsministerium „in stets widerruflicher Weise die Erlaubnis, die Südostecke des nördlichen Exerzierplatzes zum Abfliegen und Landen mit seinen Apparaten zu benützen und den Exerzierplatz zu überfliegen".

Mit dem „Exerzierplatz" war das Oberwiesenfeld gemeint, und Otto verlegte seine Fabrik nun an dessen Rand: in die Lerchenauerstraße 76. Es ist der heutige Standort von BMW. Den Anfang machte eine Holzhalle, doch im Laufe der Jahre wuchs die Fabrik zu einem großen Komplex fast bis hin zur Riesenfeldstraße. Ausdehnungsmöglichkeiten existierten genug, die Gegend war weitgehend öde und baumlos. Nur im Osten gab es das Dorf Milbertshofen und die um die Jahrhundertwende entstandene Villenkolonie Riesenfeld.

Otto war Unternehmer, Konstrukteur, Fluglehrer und Testpilot in einem. Die Firma ließ sich gut an; denn in einem der ersten Otto-Flugapparate, einem „Renndoppeldecker", erhob sich in

Puchheim der Münchner Otto Erik Lindpaintner zu spektakulären Flugkunststücken sowie zu Überlandflügen in die Luft. Er war der Stiefsohn des Malers Franz von Stuck, dazu ein stadtbekannter Playboy und avancierte zum bewunderten Münchner Starpiloten.

Bis 1912 konstruierte und baute Otto 24 Doppeldecker und sechs Eindecker und führte einzelne Exemplare immer wieder bei zahlreichen Schauflügen vor. „In prächtiger Fahrt erhebt sich der Apparat, steigt an, und in majestätischem Fluge schwebt der Riesenvogel dahin“, schrieb bei einer „Flugwoche“ auf Norderney ein Journalist. Die „Riesenvögel“ jener Zeit waren im Durchschnitt etwa acht Meter lang und hatten eine Spannweite von 11 Metern.

Immerhin konnte ein neuer Otto-Doppeldecker von 1912 dann schon fünf Passagiere aufnehmen und 500 Meter hoch aufsteigen, angetrieben von einem 65-PS-Daimler-Motor. U. a. ging Prinz Leopold von Bayern mit einem Otto-Flugzeug in die Luft. Pilot und Passagiere saßen im Freien, eine geschlossene Kabine gab es erst 1919 in der Junkers „F 13“.

Otto selbst machte für sich und seine Fabrik Reklame, als er im Dezember 1912 mit seiner frisch angetrauten Frau Ada, geb. Hoff, eine „Hochzeitsreise im Aeroplan“ unternahm: vom Oberwiesenfeld nach Freising und zurück.

Doch dann erwiesen sich zwei Handicaps als verhängnisvoll: Otto gelang es nicht, einen kompetenten Partner für die kaufmännische Leitung seiner Fabrik zu gewinnen, so wie dies sein Vater in der Person von Eugen Langen geschafft hatte, und er vermochte nicht den damaligen Hauptabnehmer von seinen Flugapparaten zu überzeugen, das Militär. Zwar nahm ihm die bayerische Armee 1912 und 1913 insgesamt 64 Flugzeuge ab, aber das Preußische Kriegsministerium, das mit dem Kriegsausbruch von 1914 für die Auftragsvergabe zuständig war, favorisierte andere Flugzeugfirmen.

Um den Bankrott abzuwenden, brachte Gustav Otto am 7. März 1916 seine Fabrik in eine neu gegründete AG ein, die „Bayerischen Flugzeug-Werke“ (BFW). Otto erhielt für seine Anteile 432782,44 Mark. Weitere Teilhaber waren u.a. Münchner Bankenvertreter und die Maschinenfabrik Augsburg-München (MAN).

Otto schied bald aus der Firma aus und gründete noch im Krieg eine neue Fabrik, die „Otto-Werke GmbH“. Sie stellte Zündkörper für Granaten, Benzinpumpen und Kupplungen her und beschäftigte bereits Ende 1917 wieder 1100 Arbeiter. Mit Kriegsende war es aber auch damit vorbei, Otto versuchte sich mit der Herstellung von Sechs- und Achtzylinder-Autos, die aber keinen Anklang fanden, sowie eines Fahrrades mit Hilfsmotor namens „Flottweg“. Die Inflation brachte dann das „Aus“ der Fabrik.

Am 26. Februar 1926 erschoß er sich in seiner Wohnung in der Widenmayerstraße. In einem Abschiedsbrief nannte Otto Schwermut als Grund. Vor allem litt er sehr unter der Trennung von seiner Frau sowie deren Tod kurz nach der Trennung. Anfang 1925 war die Scheidung, im August 1925 setzte Ada Hoff ihrem Leben mit einem Revolver selbst ein Ende.

Gründungsdatum von BMW

Der 7. März 1916 gilt als erstes Gründungsdatum von BMW, ein zweites ist der 20. Juli 1917, als die „Rapp Motorenwerke GmbH“ in der Schleißheimer Straße 288 in „Bayerische Motorenwerke GmbH“ umbenannt wurden.

Von Karl Rapp ist weder das Geburts- noch das Todesjahr bekannt. Er war ein bieder-mürrischer, gleichwohl von der Fliegerei besessener Handwerker, der 1912 von Daimler in Cannstatt nach München kam, um in der Schleißheimer Straße 288 eine Flugmotorenfabrik zu übernehmen. Sie war in den Räumlichkeiten der ehemaligen „Fahrradwerke Riesenfeld“ untergebracht. Die Fahrradfabrik war 1897 von dem aus Freising stammenden Ludwig Petuel (1838 - 1911) gegründet worden. Am Petuelring liegt heute das Verwaltungs-Hochhaus von BMW, und der Ring kreuzt etwa an der Stelle der ehemaligen Fabrik die Schleißheimerstraße.

Die alte Flugmotorenfabrik nannte sich „Flugwerk Deutschland“, sie war ein Zweigbetrieb eines in Aachen beheimateten gleichnamigen Unternehmens. Bis zu Rapps Übernahme wurde sie von dem aus Berlin stammenden Ingenieur Philipp Dörhöfer geleitet, der davor eine Werkstatt in der Münchner Clemensstraße 46 gehabt hatte. Als überzeugter Pazifist besaß Dörhöfer allerdings keine Chance auf Aufträge vom Militär und schied 1912 aus der Firma aus.

Rapps Karriere als Fabrikbesitzer und Flugmotorenbauer war eine Abfolge von Fehlschlägen: Zunächst gelang es ihm im Jahr 1912 nicht, den von Wilhelm II. aus dessen Privatschatulle gestifteten „Kaiserpreis“ für einen Flugmotor zu gewinnen, der den damals führenden französischen Maschinen Paroli bieten sollte. Da Rapp die 50 000 Mark Preisgeld fest eingeplant hatte, sie jetzt aber fehlten, mußte er sogar Konkurs anmelden. Er gründete die Firma als „Rapp Motorenwerke“ aber am 28. Oktober 1913 am selben Ort gleich wieder neu.

Die Bezeichnung „Werke“ war freilich eine Übertreibung. Es handelte sich eher um eine größere Werkstatt in drei einstöckigen Holzbauten mit anfangs 10 Arbeitern samt einem kleinen Steinbau als „Verwaltungsgebäude“. Hier tüftelte Rapp an Motoren, die ehrgeizig groß, aber unzuverlässig waren, sie vibrierten, und es gab immer wieder Reklamationen: Sechszylinder, V 8-Zylinder und schließlich sogar ein V-Zwölfzylinder mit 300 PS, damals theoretisch ein Supermotor. Nur bei der österreichisch-ungarischen Marine sowie in Bayern fanden die Triebwerke Abnehmer.

Auch ein Lizenzbau eines 350 PS-Flugmotors der österreichischen Austro-Daimler konnte den Qualitätsansprüchen der Auftraggeber nicht genügen. Besitzer von Austro Daimler war damals der in Triest geborene Börsenspekulant Camillo Castiglioni (1885 - 1961). Generaldirektor und Chefkonstrukteur war Ferdinand Porsche.

Ende 1916 wurde von Austro-Daimler der österreichische Ingenieur für Elektrotechnik und Maschinenbau, Franz-Josef Popp (30), nach Milbertshofen-Riesenfeld geschickt, um bei Rapp nach dem Rechten zu sehen. Popp blieb gleich in München, übernahm den Betrieb und nannte ihn am 20. Juli 1917 in „Bayerische Motoren-Werke GmbH“ um. Außerdem dachte er sich den Propellerkreis mit den weißen und blauen Feldern als Warenzeichen für BMW aus.

Gleich zu Beginn hatte Popp einen von Daimler gekommenen Ingenieur Max Friz eingestellt, der einen neuen BMW-Flugmotor mit der Bezeichnung „III a“ entwickelte, der leistungsfähiger als alle bisherigen Triebwerke war. Die Militärs bestellten davon 2500 Stück. Dafür aber waren die ehemaligen Rapp-Hallen von der Kapazität her völlig überfordert, und so wurde 1917/1918 auf einem Gelände an der Moosacher Straße 80 ein völlig neues, damals hochmodernes Flugzeugwerk, das größte in Deutschland, aus dem Boden gestampft. Der BMW-Standort Schleißheimerstraße 288 blieb zunächst ebenfalls noch erhalten.

Als es nach dem Krieg in Deutschland wegen der Bestimmungen des Versailler Vertrages mit der Motorfliegerei vorbei war, zog an der Moosacherstraße unter der Bezeichnung „Südbremse AG“ ein Zweigbetrieb der 1905 in Berlin von Georg Knorr gegründeten „Knorr Bremse AG“ ein. Man wollte Bremsen für die bayerischen Eisenbahnen bauen, und das mußte in Bayern geschehen. Georg Knorr war der Erfinder der Luftdruckbremse.

Die „Knorr Bremse AG“ war zunächst Mieter und dann für kurze Zeit Besitzer der Aktienmehrheit von BMW - bis 1922 Franz-Josef Popp im Auftrag und mit dem Geld von Camillo Castiglioni den Namen BMW sowie die wichtigsten Maschinen kaufte und die Fabrik in die leer stehenden Hallen der „Bayerischen Flugzeugwerke“ (BFW) in der Lerchenauerstraße verlegte. Die Beschränkungen für die Motorfliegerei hatte auch die BFW an den Rand des Ruins getrieben. Unter Popp stieg BMW dann unter die Großen der Motorrad-, Auto- und auch wieder Flugmotorenbauer auf.

Nach 1945 zog die „Knorr Bremse AG“ auch mit ihrem Hauptsitz von Berlin nach München in die Moosacher Straße um. Das Verwaltungsgebäude von 1917 steht heute unter Denkmalschutz.

GUSTAV OTTO (1883 - 1926) und KARL RAPP gründeten bzw. übernahmen im Münchner Norden Fabriken und bestimmten damit den Standort von BMW. Die Niederlassungen wurden vom nahen Oberwiesenfeld vorgegeben, dem zweiten Münchner Zivilflugplatz nach jenem in Puchheim. Heute steigen auf dem jetzigen Olympiagelände nurmehr Spielzeugdrachen auf.

Das Foto zeigt Gustav Otto (rechts) zusammen mit seiner Frau vor einem Flug von München nach Augsburg im Jahr 1913. Von Rapp gibt es keine Portraitaufnahmen.

Claude und Claudius Dornier

Leben im Dienst der Luftfahrt

In der Öffentlichkeit stellt sich München als eine Stadt der Kunst dar. Für Technik-Interessierte aber war München schon immer ein wichtiger deutscher Standort für Flugzeug- und Flugmotorenbau, nicht nur, weil der Luft- und Raumfahrtkonzern Messerschmitt-Bölkow-Blohm, heute DASA, im Großraum München angesiedelt ist. Zu den bedeutenden Luftfahrt-Unternehmen in München zählt auch Dornier.

Ein wichtiger Abschnitt der Münchner Dornier-Geschichte wurde noch vom legendären Firmengründer Claude Dornier (1884 - 1969) bestimmt. Claude Honoré Desiré Dornier wurde in Kempten als das älteste von sieben Kindern geboren. Am Geburtshaus hängt eine Erinnerungstafel. Der Vater Dauphin Dornier war aus Frankreich ins Allgäu zugewandert und hatte in Kempten Mathilde Buck geheiratet.

Der junge Claude interessierte sich schon früh für die zahlreichen Wasserräder an der Iller und ging zum Studium an die Technische Hochschule München, um zu lernen, „wie man Turbinen baut": Es war der erste Bezug zu München. Mit 23 „machte" er 1907 seinen Diplomingenieur in Maschinenbau.

Und schon damals übte er sein lebenslanges Hobby aus: Bergwandern und Bergsteigen. Zu jener Zeit, bekannte er später, hätte er sogar das einfache Leben eines Bergbauern dem Ingenieurberuf vorgezogen. Insofern ist es durchaus kennzeichnend, wie ihn die DASA-Chronologie „Zeit im Flug 1994" abbildete: Auf einer Alm neben einer Kuh.

Längere Zeit erhielt der später Weltberühmte auf seine Bewerbungen „keine brauchbaren Angebote". Schließlich kam 1910 doch eine Offerte von einer schon damals sehr bekannten Firma: Dem Luftschiffbau des Grafen Zeppelin in Friedrichshafen.

Der Graf wurde auf den neuen Ingenieur aufmerksam, als der eine drehbare Halle entwickelte, die das gefahrlose Einbringen der Luftschiffe auch bei ungünstigen Windverhältnissen erlaubte. Zeppelin stellte Dornier darauf - 1913 - in einem kleinen Gaswerk am Rand des Luftschiffbau-Geländes sogar eine eigene Abteilung „Do“ zur Verfügung. Diese „Carbonium“ genannte Baulichkeit wurde die Keimzelle des späteren Konzerns.

Ausgehend vom Metallgerüst der Luftschiffe, strebte Dornier auch für Flugzeuge die damals revolutionäre Metallbauweise an, und es entstanden die ersten Flugboote des Unternehmens. Dornier nutzte die Blechhaut nicht nur zur Formgebung, sondern auch für die Festigkeit von Rumpf und Flügeln: der Beginn des modernen Schalen-Leichtbaus.

Von diesem Start bis in die Zeiten des Wirtschaftswunders der fünfziger und sechziger Jahre schuf Claude Dornier nahezu 80 Flugzeugtypen. Viele Baumuster machten seinen Namen weltbekannt, vor allem die Familie Dornier-Wal und insbesonders 1929 das zwölfmotorige Flugschiff „Do X“. Die „Do X“ war das größte Flugzeug der Welt, damals eine technische Sensation. Eine weitere Pioniertat war in den sechziger Jahren die „Do 31“, das erste senkrechtstartende und -landende Strahltransportflugzeug. Ein Exemplar steht in der Flugwerft Schleißheim.

1934 wurde Claude Dornier Alleinbesitzer seiner aus der „Luftschiffbau Zeppelin“ hervorgegangenen Firma. Sie blieb in Familienbesitz bis 1985, als alle anderen Traditionsunternehmen längst Fusionen eingegangen oder vom Markt verschwunden waren. Und auch als Dornier 1985 im Zuge der Neustrukturierung der deutschen Luft- und Raumfahrtindustrie Teil des Daimler Benz-Konzerns wurde, behielten die Dornier-Erben einen erheblichen Minderheiten-Prozentsatz der Anteile.

Der Standort München geht bis ins Jahr 1934 zurück. Damals erlebte die deutsche Luftfahrtindustrie durch das Beschaffungsprogramm der Luftwaffe einen „kräftigen Aufwind“, wie es in der Claude Dornier-Biographie von Joachim Wachtel („Ein Leben für die Luftfahrt“) heißt.

Das Unternehmen investierte, es baute aus und vergrößerte sich. An zahlreichen Orten außerhalb Friedrichshafens entstanden Tochterfirmen und neue Produktionsstätten, auch in München. Hier wurde als selbständige Gesellschaft die „Leichtkonstruktionen München GmbH“ gegründet und von der

„Compagnie Internationale des Wagons-Lits et des Grands Express Européens“ deren Fabrikanlagen in Neuaubing gepachtet. Gefertigt wurden Flugzeug-Rümpfe.

1936 kamen Hallen bei Oberpfaffenhofen samt einem Werksflugplatz hinzu. Im Zweiten Weltkrieg wurden die Hallen schwer beschädigt und nach 1945 von den Amerikanern wieder aufgebaut, die den Flugplatz für Überholungen sowie als eine Ausgangsbasis für die Berliner Luftbrücke nutzten. Ein Teil der berühmten „Rosinenbomber“ wurde hier gewartet.

Da den Deutschen nach 1945 jeder Flugzeugbau verboten war, gründete Claude Dornier in Madrid ein Büro und eine Fabrik. 1955, als die Bundesrepublik die Lufthoheit zurückerhielt, kehrte Dornier nach Deutschland zurück, auch nach Oberpfaffenhofen und Neuaubing.

In Madrid hatte Claude Dornier neue Kurzstartflugzeuge entwickelt, die einmotorigen Hochdecker „Do 25” und „Do 27“. Es folgten die zweimotorige „Do 28“. Von der „Do 27“ bestellte die Bundeswehr 428 Stück, im Werk Neuaubing fand die Serienfertigung statt. Insgesamt 620 Exemplare wurden von der „Do 27“ gebaut. Der Tierforscher Prof. Grzimek unternahm mit einer „Do 27“ seine berühmten Afrikaflüge. Dornier war der erste deutsche Flugzeughersteller nach dem Zweiten Weltkrieg, der eine deutsche Eigenentwicklung zur Serienfertigung bringen konnte.

Schon das Büro in Madrid, die „Oficinas Tecnicas Dornier“, war von Claude Dorniers ältestem Sohn Claudius Dornier geleitet worden, der auch an der Entwicklung der „Do 27“ mitwirkte. Claudius Dornier, 1914 in Friedrichshafen geboren, hatte ebenso wie sein Vater Maschinenbau an der Technischen Hochschule München studiert und mit dem Diplomingenieur abgeschlossen. 1939 absolvierte er auf Vermittlung von Charles Lindbergh ein Praktikum bei General Motors in Detroit. Bei Kriegsausbruch ging er nach Argentinien, das damals als einziges Land auf dem amerikanischen Kontinent Deutsche aufnahm. In Buenos Aires lebte und arbeitete er als angestellter Ingenieur von 1940 bis 1945 und noch einmal von 1948 bis 1950.

Mit dem Wiederbeginn des Dornier-Flugzeugbaues in Deutschland 1955 wurde Claudius Dornier zunächst Geschäftsführer mehrerer Dornier-Gesellschaften und war von 1963 bis 1981 Vorstandsvorsitzender der Dornier GmbH Friedrichshafen/ München.

Im Jahr 1980 porträtierte ich Claudius Dornier in einer Reportage für die „Süddeutsche Zeitung". Ich schrieb u. a.: „Auch wenn der Professor geht, hat er die gebückte Haltung eines Mannes, der viel im Sitzen arbeitet. Der Professor hat weißes, gescheiteltes Haar und eine rosige Gesichtsfarbe, die gesund wirkt. Seine Augen - von einem ins Grau changierenden Braun - fixieren Menschen und Umgebung mit jener Art von Interesse, das immer wieder auf das Erfassen von Neuem aus ist. Der Professor, 65 Jahre alt, ist der Chef eines Industrieunternehmens. Ein Big Boss für rund 8000 Mitarbeiter."

Auf den Besucher wirkte der Unternehmer seinerzeit eher als ein Forscher und Professor (der Titel wurde ihm ehrenhalber verliehen) denn als Manager, wofür etwa die Ausstattung seines Büros Zeugnis ablegte: Der Raum wurde nicht - wie sonst oft in Chefetagen - vom Schreibtisch, sondern von Abbildungen und Modellen der Flugzeuge der Firma geprägt. Das berühmteste Produkt der Firmengeschichte stand auf dem Safe: Die „Do X". Der Schreibtisch, ebenso wie eine Sitzecke in der anderen Zimmerecke von schlichter Prägung, war aufgeräumt. Außer den zahlreichen Flugzeug-Modellen stand auf einem Fenstersims eine Kogge aus dem 16. Jahrhundert: ein Geschenk der Mitarbeiter zum 65. Geburtstag.

Das Präsent spielte auf Claudius Dorniers Hobby an: Er war ein begeisterter Segler. Und ein halb abstrakt, halb gegenständlich gehaltenes Gemälde im Raum umfaßte sowohl Beruf als auch Hobby. Auf dem Gemälde waren ein stilisiertes Segelboot und ein stilisiertes Düsenflugzeug auszumachen.

Auf dem Starnberger See hatte Dornier ein Boot der Drachenklasse, auf dem Bodensee ein Kajütboot mit Besegelung. Den Führerschein für Binnenfahrer besaß er seit 1933. Zum Wasser zog es ihn auch, wenn er unmittelbaren körperlichen Ausgleich suchte. Er schwamm gern und oft im Pool seines Hauses in Gilching im Landkreis Starnberg, sofern das Wasser dort warm genug war, oder im Bodensee oder im Urlaub im Mittelmeer.

Von seinem Vater sprach Claudius Dornier mit einer Mischung von bewunderndem Respekt und „großer Freude", und er erzählte auf eine einnehmend altmodische Art von dem Berühmten: „Ich habe immer sehr gut mit meinem Vater gearbeitet, und ich bin sicher, daß ich auch heute noch sein Verständnis dafür bekommen würde, wie ich anstehende Probleme löse."

Für die Dornier-Gruppe war der Chef ein Patriarch, der großen Wert darauf legte, sozial zu sein. Das Soziale galt in einem konservativen Sinn: Der Chef als strenge, wohl auch eigenwillig-eigensinnige, aber gerechte Vaterfigur. „Wir sind eine große Familie", sagte er. Jeder durfte sich zur Familie zählen, sofern er ein „offener und ehrlicher Mitarbeiter" war. Dornier damals: „Ich mag keine Intrigen."

Claudius Dornier starb 1986 und wurde in Friedrichshafen an der Seite seines 1969 verstorbenen Vaters beerdigt. Er war mit einer Argentinierin verheiratet. Die vier Söhne heißen Claudio (Jahrgang 1945), Cristián (1949), Conrado (1953) und Camilo (1958). Claudio ist Unternehmer in der Schweiz und Cristian Architekt (auch Claude Dornier wollte ursprünglich Architekt werden). Conrado engagiert sich von seinem Büro im oberbayerischen Seefeld dafür, daß der „Seastar", ein zweimotoriges Amphibienflugzeug und die letzte Flugzeugentwicklung von Claudius Dornier, über den Prototypen-Status hinausgelangt und in Serie gebaut wird. Camilo hat zunächst Musik, dann in Florida Betriebswirtschaft studiert und arbeitete eine Zeit lang bei Boeing in der Vermarktung der „737".

Conrado Dorniers Ehefrau Martine Dornier-Tiefenthaler, eine geborene Münchnerin, aber österreichischer Abstammung, profilierte sich als Sprecherin der Dornier-Erben.

Im Werk Oberpfaffenhofen befindet sich heute die „Dornier Luftfahrt GmbH", eine 100prozentige Tochter der „Fairschild Dornier GmbH". Der US-Flugzeughersteller Fairchild hat die „Dornier Luftfahrt GmbH" 1996 übernommen. Das Werk Neuaubing wurde 1990 an die Deutsche Airbus GmbH vermietet und ist heute untervermietet.

CLAUDE DORNIER (links) und sein ältester Sohn CLAUDIUS auf einem Foto aus dem Jahr 1960. Über den Firmengründer Claude Dornier sagte der berühmte Pilot Wolfgang von Gronau, er sei „ein stiller, ernster Mann, unermüdlich in seiner Arbeit" gewesen. Langjährige Mitarbeiter erinnerten sich an Dornier als eine „zurückhaltende und rücksichtsvolle Persönlichkeit, die es verschmähte, sich mit großen Worten an die Spitze zu setzen".

Beruflich gab Claude Dornier ein Beispiel dafür ab, daß es für bedeutende Ingenieur-Leistungen keines großartigen Ambientes bedarf. Nachdem er im Alter von 30 Jahren aus seinen ersten, ihm noch vom Grafen Zeppelin zur Verfügung gestellten Büroräumen in einem ehemaligen Gaswerk ausgezogen war, errichtete er sich am Seemoser Horn bei Friedrichshafen-Manzell eine geräumige Werfthalle aus Holz sowie ein ebenfalls in Holz gehaltenes Konstruktionsbüro. Es ging als „Baracke" in die Firmengeschichte ein. Hier begann Claude Dornier mit der Entwicklung seiner ersten Riesenflugzeuge.

Foto: Daimer-Benz Aerospace.

Ernst Udet
Die Fabrik des Kunstfliegers

Er war kein Konstrukteur, auf seinen Namen ist kein einziges Patent angemeldet, aber er gehört zu den Berühmtheiten der deutschen Luftfahrtgeschichte, und er gehörte einen gut Teil seines Lebens zu München: Ernst Udet (1896 - 1941), mit 62 Luftkampfsiegen der erfolgreichste überlebende deutsche Jagdflieger des Ersten Weltkrieges und dekoriert mit dem „Pour le Mérite". Unter seinem Namen gab es in München eine Zeit lang eine Flugzeugfabrik. Und diese Fabrik wiederum ist Teil der Firmengeschichte eines weltberühmten Unternehmens: Von Messerschmitt-Bölkow-Blohm, heute DASA. Die Udet-Fabrik lag in Ramersdorf, Hans-Joachim Ebert vom „Arbeitskreis Stadtteilgeschichte Ramersdorf e. V." hat deren Spuren erforscht.

Udet wurde am 26. April 1896 in Frankfurt am Main als Sohn des Heizkesselfabrikanten Adolf Udet geboren. Schon bald nach seiner Geburt kam er mit seinen Eltern nach München. Bereits als Schüler auf dem Theresiengymnasium begeisterte er sich für Technik, für Autos, Motorräder und vor allem Flugzeuge. Mit Freunden bastelte er Flugzeugmodelle und gründete den „Aero-Club München 1909". Mit 19 machte er in der „Luftpilotenschule" der „Gustav-Otto-Flugmaschinenwerke" seinen Pilotenschein.

In der allgemeinen patriotischen Stimmung von 1914 meldete er sich dreimal freiwillig, wurde aber als Flieger zweimal abgelehnt, das erste Mal als zu jung, das zweite Mal als mit 1,60 m Körpergröße zu klein. Nur als Motorradfahrer kam er zunächst unter.

Erst im damaligen Großherzogtum Hessen wurde er bei der Flieger-Ersatzabteilung in Darmstadt angenommen und zum Piloten für Militärflugzeuge ausgebildet und an der Westfront eingesetzt. Nach seinem 20. Abschuß 1917 holte ihn der bekannteste deutsche Weltkrieg I-Jagdflieger, Manfred von Richthofen, in seine Staffel. Letzter Kommandeur des „Jagdgeschwaders Freiherr von Richthofen" war Hermann Göring.

Nach dem Krieg tat Udet weiterhin das, was er am besten konnte: Fliegen. In seiner Autobiographie „Ein Fliegerleben" schrieb er: „Ich bin geflogen, um zu leben". Jürgen Thorwald verfaßte zu dem Buch, das nur die Zeit von 1914 bis 1933 abhandelt, das Nachwort.

An Udets unstetem Fliegerleben scheiterte seine Ehe, die er am 25. Februar 1920 in München mit der Krankenschwester Eleonore „Lo" Zink geschlossen hatte. Sie war die Tochter eines wohlhabenden Nürnberger Fabrikanten. Schon nach zwei Jahren trennte man sich.

Wo immer ein Flugtag stattfand, war Udet dabei, mit einem Freund wiederholte er vor großem Publikum seine bekanntesten Luftkämpfe, zwei Jahre lang veranstaltete er zusammen mit einem ehemaligen Fliegerkameraden selbst Flugtage, kurze Zeit flog er für die Augsburger Rumpler-Werke Verkehrs- und Postmaschinen, er erflog sich Preise bei Rennen, Zuschauer in Europa und Amerika jubelten ihm zu, und er erfand die Reklameschleppschrift, um damit Geld zu verdienen.

In München flog er unter den Isarbrücken hindurch und galt in jedem Sinn als Luftikus, als „Gaudibursch". Der Flugzeugkonstrukteur Ernst Heinkel nannte ihn einen „Bohémien, künstlerisch beschwingt, leichtlebig und voller Humor". Hans Herlin erzählt in seiner romanhaften Udet-Biographie, einmal sei der Fliegerstar im Frack auf einem Motorrad in den Ballsaal des Hotels „Vier Jahreszeiten" geknattert. Eine besondere Spezialität waren Preisschießen auf Zielscheiben zusammen mit Freunden in seiner Hotelsuite, aber auch in seinen jeweiligen Wohnungen. In München lebte Udet zunächst in der Wohnung von Gustav Otto in der Widenmayerstraße und dann als Repräsentant seiner Fabrik im Hotel „Vier Jahreszeiten".

Als „Kunst- und Privatflieger", wie er selbst sich nannte, verdiente er ein Vermögen, gab es aber mit großzügigem Lebensstil ebenso schnell wieder aus. Bei den Damen war er Hahn im Korb. Aus Verbindungen mit Bewunderinnen gingen zwei uneheliche Kinder hervor, ein Sohn und eine Tochter.

Die Geschichte der Fabrik begann Udets eigener Schilderung nach mit dem Vorschlag eines Deutsch-Amerikaners namens

William Pohl, in Deutschland gemeinsam eine Flugzeugfabrik für ein Volksflugzeug zu bauen - mit Pohl als Geld- und Udet als Namensgeber sowie als Testpilot und Repräsentant. Man mietete einen Schuppen in Milbertshofen und begann sofort zu basteln, obwohl die Versailler Verträge mit Wirkung vom Juli 1921 an jeden Flugzeugbau in Deutschland verboten. Konstrukteur war der mit Udet befreundete, etwa gleichaltrige Hans Hermann.

Als die Interalliierte Kontrollkommission von der Werkstatt erfuhr, wich man, rechtzeitig gewarnt, auf das Grundstück eines Ingenieurs Erich Scheuermann in Ramersdorf aus. Scheuermann, ebenfalls ehemaliger Jagdflieger, hatte dort eine Werkstatt für Bienenkästen und Hühnerställe. Das Grundstück lag an der heutigen Einmündung der Ottobrunner Straße in den Mittleren Ring. Von den damaligen Gebäuden ist nichts mehr vorhanden.

Hier wurde das in Milbertshofen begonnene Flugzeug fertiggestellt, ein Tiefdecker einfachster Bauart mit einem Zweizylinder-35 PS-Motor und der Bezeichnung „U 1". Der BMW-Höhenflugmotor, mit dem Udet gegen Ende des Krieges in seiner Doppeldecker-Fokker 30 seiner 62 Luftsiege errungen hatte, war 185 PS stark gewesen.

Um das Flugzeug in Serie zu bauen und zu vermarkten, entstand am 23. Oktober 1922 die Fabrik. Das Flugzeugbau-Verbot war für kleine Maschinen inzwischen aufgehoben. Das Werksgelände blieb der Besitz von Scheuermann. Die Konstruktionsräume waren in der nahen, nicht ausgelasteten Volksschule in der Führichstraße angemietet.

Von 1922 bis 1926 entstanden in Ramersdorf 11 verschiedene Flugzeugtypen und 65 Exemplare. Zwei Konstruktionen wurden sogar weltweit bekannt: der Motorsegler U 7 „Kolibri" mit einem 750 ccm-Douglas-Motor und U 12 „Flamingo". Dieser Doppeldecker war als Schulflugzeug konzipiert, und Udet erntete damit auf Schau- und Kunstflugveranstaltungen so große Meriten, daß der „Flamingo" heute als ein Klassiker unter den kunstflugtauglichen Maschinen gilt.

Der „Flamingo" war auch der einzige Geschäftserfolg der Udet-Fabrik. Durch zahlreiche Aufträge war die Ramersdorfer Werkstatt damals mit 180 Mitarbeitern für kurze Zeit das drittgrößte deutsche Luftfahrt-Unternehmen nach Junkers und Dornier.

Aber der Betrieb hatte von Anfang an einen entscheidenden Nachteil: Er besaß keinen Flugplatz. Obwohl es rundum genügend freie Landschaft gab, erhielten die Flugzeugbauer mit ihren lärmenden „Kisten“ nur in Ausnahmefällen die Genehmigung für Starts und Landungen auf einer benachbarten Wiese. So mußten fertiggestellte Flugzeuge wieder zerlegt und auf LKW quer durch die ganze Stadt zum Flugplatz Schleißheim gefahren und dort wieder zusammengebaut werden.

Das Ende der Firma kam mit der U 11 „Kondor“, einem Verkehrsflugzeug mit vier Siemens-Motoren von je 100 PS für drei Mann Besatzung und acht Passagiere. Die „Kondor“ war das größte Flugzeug des Udet-Flugzeugbaues, mit Ganzmetallrumpf und hölzernen Tragflächen.

Untermotorisierter „Kondor”

Doch dann stellte es sich heraus, daß es untermotorisiert war - eine indirekte Folge der Beschränkungen der Versailler Verträge für große Flugmotoren. Der „Kondor“ konnte nicht, wie von der damals größten deutschen Verkehrsfluggesellschaft „Deutscher Aero Lloyd“ gefordert, die Alpen überfliegen.

Mit den Entwicklungs- und Baukosten in Höhe von 800 000 Mark hatte sich der Udet-Flugzeugbau übernommen, die Firma mußte liquidiert werden, und mit Beteiligung des bayerischen Staates wurde am 26. Juli 1926 eine Auffanggesellschaft gegründet, die „Bayerische Flugzeugwerke (BFW) AG Augsburg“. Damit fand auch das Kürzel „BFW“ wieder Verwendung - es war 1922 frei geworden, als in die gleichnamige Fabrik an der Münchner Lerchenauerstraße BMW eingezogen war. Der Standort Augsburg ergab sich durch die leer stehenden Hallen der ehemaligen Bayerischen Rumpler-Werke mit einem Flugplatz in Augsburg-Haunstetten. Bis 1929 wurde in Augsburg der „Flamingo“ weitergebaut.

1927 schloß sich aus Bamberg die kleine Firma von Willy Messerschmitt den BFW an, Messerschmitt wurde technischer

Leiter, ab 1938 hieß die Fabrik „Messerschmitt AG“. 1969 fusionierten die Firmen von Messerschmitt und Ludwig Bölkow sowie die „Hamburger Flugzeugbau GmbH“ (HFB) von Werner Blohm zur „Messerschmitt-Bölkow-Blohm GmbH“ (MBB).

Ernst Udet selbst „akrobatelte“ nach dem Ende seiner Fabrik wieder, glänzte auch in Filmen wie „Die weiße Hölle am Piz Palü“, „Stürme über dem Mont Blanc“ und „SOS Eisberg“ mit fliegerischen Bravourstücken und nahm an Flieger-Expeditionen nach Afrika und Grönland teil. In dem Film „Wunder des Fliegens“ spielte er sich selbst.

1935 ließ er sich, von Göring dazu überredet, als Offizier der Luftwaffe reaktivieren, was er gegenüber Heinkel und Carl Zuckmayer mehrmals als einen „Pakt mit dem Teufel“ bezeichnete. Aber der Reiz und die Aussicht, die zahlreichen von der Luftwaffe neu entwickelten Flugzeugtypen fliegen zu dürfen, überwogen schließlich seine Vorbehalte gegen die neuen Machthaber. Nach 1945 behandelte Zuckmayer diesen Konflikt in seinem Theaterstück „Des Teufels General“.

Bei Udets zahlreichen Testflügen fiel 1938 wie nebenbei ein Geschwindigkeits-Weltrekord über die 100 km-Distanz ab: 635 km/h in einer einmotorigen Heinkel He 100.

Ab 1936 war er im Technischen Amt des Reichsluftfahrtministeriums und ab 1939 als Generalluftzeugmeister zuständig für die Flugzeug-Beschaffungsprogramme der Luftwaffe. Differenzen mit der Führung und die nicht planmäßige Erfüllung dieser Programme führten zu Udets Freitod am 17. November 1941.

Die Beisetzung fand als Staatsbegräbnis auf dem Berliner Invalidenfriedhof unweit des Grabes von Manfred von Richthofen statt. Beim Bau der Berliner Mauer 1961 wurde der Friedhof auf Anordnung der DDR-Regierung teilweise geschleift und dabei Udets Grab zerstört.

ERNST UDET mit Gräfin Margot von Einsiedel um 1925 in einer „U10" aus der nach ihm benannten Fabrik. Die Gräfin war eine seiner Verehrerinnen. 1924 erschien sie bei ihm in der Rhön während eines Flugwettbewerbs, folgte ihm nach München und ließ auch noch ihre zwei Kinder samt Zofe nachkommen. Sie war eine der wenigen Frauen, die sich trauten, zu Udet ins Flugzeug zu klettern und mitzufliegen. Angezogen war sie dabei, wie auch auf dem Boden, mit einen Leopardenfellmantel.

Foto: Zentralarchiv Daimler-Benz Aerospace.

Werner Heisenberg

Revolutionär der Naturwissenschaften

Neben Albert Einstein und Niels Bohr ist er einer der bedeutendsten Physiker des 20. Jahrhunderts, er wuchs ebenso wie Einstein in München auf und lebte die letzten 18 Jahre seines Lebens in München. Am Haus Hohenzollernstraße 110 erinnert eine Gedenktafel an ihn. Das von Leopold Haffner geschaffene Bronzerelief zeigt die markanten Gesichtszüge, und die Inschrift lautet: „Werner Heisenberg/Nobelpreisträger/1901-1976/verbrachte in diesem Hause seine Jugend“.

Die Gedenktafel wurde 1989 von Bürgermeister Winfried Zehetmeier in Anwesenheit von Heisenbergs Witwe Elisabeth und von Martin Heisenberg, einem der Söhne, enthüllt. 1991 reihte das Deutsche Museum Heisenbergs Büste zusammen mit jener von Lise Meitner in den Kreis der berühmtesten deutschen Forscher im Ehrensaal des Deutschen Museums ein - in der Nachbarschaft der Büsten von Otto Hahn, Albert Einstein und von Max Planck, dem Oberhaupt der deutschen Physik im 20. Jahrhundert und Heisenbergs väterlichem Freund.

Und zu Heisenbergs 90. Geburtstag ehrte ihn 1991 seine alte Schule, das Maximilians-Gymnasium in der Morawitzkystraße, mit einem Portrait in Emaille. Von einem Kunsterzieher der Schule entworfen, sind die Gesichtszüge verfremdet. Auch hier, im Treppenhaus der Schule, befindet sich nahebei eine Büste von Max Planck. Heisenbergs Großvater mütterlicherseits, der Gräzist Wecklein, war Rektor am Maximilians-Gymnasium gewesen. - Die aktuellste Reverenz schließlich ist die 1995 erschiene 800-Seiten-Biographie des US-Amerikaners David C. Cassidy.

Ein neues Weltbild

Heisenberg wird als ein „Revolutionär der Naturwissenschaften“ bezeichnet. Er schuf durch seine Grundlagenforschungen, insbesondere auf dem Gebiet der Atomphysik, die Voraussetzungen für epochale wissenschaftliche und technische Entwicklungen des 20. Jahrhunderts.

Er ersetzte mit seiner Quantenmechanik von 1926 und der Unbestimmtheit- oder Unschärferelation von 1928 das alte, im Prinzip bis auf Demokrit zurückgehende Weltbild der Physik durch ein neues. Damals war die Hypothese vom Wirken einer Naturordnung aufgestellt und damit die Natur der Willkür launischer Gottheiten entzogen worden. „Nichts ist zufällig“, hatte Demokrit erklärt, „sondern alles geschieht aus einem Grund und mit Notwendigkeit“. Erst mit Max Plancks Quantentheorie von 1900 begann der Umsturz dieses als Determinismus bezeichneten Weltbildes.

Das Modell des kosmischen Räderwerkes wurde von nun an unbrauchbar und wich einer komplizierteren, abstrakteren Vorstellung. „Das Prinzip von Ursache und Wirkung“, so der Internationale Biographische Pressedienst über Heisenberg, „hatte sich bei der Berechnung und Erforschung des Mikrokosmos, der Vorgänge innerhalb eines Atoms, als unzureichend erwiesen, und unmöglich ist es letztlich, das Atominnere mit den alten raumzeitlichen und mechanischen Symbolen zu beschreiben“. Mit seiner „Einheitlichen Theorie der Materie“ von 1958, populär „Weltformel“ genannt, unternahm Heisenberg dann einen weiteren Versuch, die Geheimnisse von dem Letzten, „was die Welt im Innersten zusammenhält“, mit den Mitteln der Mathematik zu enträtseln.

Das große Quantenei

Für das Theoriegebäude der Quantenmechanik, ausgearbeitet während eines Helgoland-Urlaubs, erhielt Heisenberg 1933 auf Vorschlag von Einstein den Physik-Nobelpreis für 1932. „Heisenberg hat ein großes Quantenei gelegt“, kommentierte seinerzeit Einstein.

Geboren wurde Heisenberg am 5. Dezember 1901 in Würzburg. Sein Vater war dort Studienprofessor am Alten Gymnasium und außerdem Privatdozent für Byzantinistik an der Universität. 1911 erhielt er einen Ruf an den Lehrstuhl für Byzantinistik, dem damals einzigen in Deutschland, an der Münchner Ludwig-Maximilians-Universität (LMU). Sein Sohn Werner trat am 18. Septem-

Der Atomphysiker WERNER HEISENBERG revolutionierte die Naturwissenschaften. Mit seiner Quantenmechanik (1926) und der Unschärferelation (1928) ersetzte er das alte, bis auf Demokrit zurückgehende Weltbild der Physik (den sogenannten Determinismus) durch ein neues. 1933 erhielt Heisenberg für seine Quantenmechanik den Physik-Nobelpreis 1932.

ber 1911 in die Sexta des Maximiliansgymnasiums ein, das sich damals noch gegenüber der Staatsbibliothek befand. 1912 zog es in den Neubau in Schwabing um.

Von Beginn an war Heisenberg das junge Genie schlechthin, immer und überall der Beste und Jüngste. Mit zwölf Jahren beschäftigte er sich mit Differential- und Integralrechnung, und schon in den Beurteilungen durch die Lehrer wurde stets seine frühzeitige Begabung hervorgehoben: „Sein Interesse ist in entschiedener und eindringlicher Weise physikalisch-technischen Dingen zugewandt. Er ist eigenwillig und ehrgeizig". - Im Abiturzeugnis hatte er in allen Fächern die Note „1", nur in Deutsch eine „2", die Aufnahme in die Höchstbegabtenstiftung Maximilianeum für Bayerns beste Abiturienten ergab sich dadurch von selbst.

Mit 16 gab er Nachhilfeunterricht in höherer Mathematik, mit 19 begann er an der Universität München zu studieren - nicht, wie zunächst geplant, Mathematik, sondern theoretische Physik, weil er auf den Rat seines Vaters zu dem hochangesehenen Physiker Arnold Sommerfeld ging.

Blitzkarriere

Mit 21 war er in Göttingen Privatdozent, mit knapp 23 habilitierte er sich, mit 26 wurde er als Ordinarius an das Institut für theoretische Physik der Universität Leipzig berufen - als Deutschlands jüngster Professor. Während des Studiums hatte er bereits die damaligen Zentren der Atomphysik kennengelernt: außer München mit Sommerfeld noch Göttingen mit Max Born und Kopenhagen mit Niels Bohr.

Nur einmal war er nicht der Beste, was aber angesichts seines Genies eher ein Kuriosum der Physik-Geschichte ist und unter Physikern immer wieder für Heiterkeit sorgt: Bei der Promotion - im Alter von 22 bei Sommerfeld in München - wäre er wegen einiger Wissenslücken in experimenteller Physik beinahe durchgefallen. Nur wegen seiner exzellenten schriftlichen Doktorarbeit erhielt er noch ein „cum laude".

Heisenbergs Leipziger Jahre bis 1933 fielen in eine Epoche, die allgemein als das „Goldene Zeitalter der Physik" gilt. Am berühmtesten von seinen Schülern aus dieser Leipziger Lehrtätigkeit wurden später Carl Friedrich von Weizsäcker und Edward Teller.

Ein Zusammenhang mit München ergab sich wieder 1935, als bei Sommerfelds Emeritierung Heisenberg dessen Nachfolger werden sollte. Die Nationalsozialisten verhinderten dies, weil Heisenberg weiterhin Einsteins Relativitätstheorie als „die selbstverständliche Grundlage weiterer Forschung" verteidigte. Er sei damit, so die Nazis, gleichsam ein „weißer Jude".

Trotz dieser Angriffe lehnte Heisenberg mehrere Angebote von ausländischen Universitäten, auch aus den USA, ab, ebenso wie er eine weitere Offerte aus den USA unmittelbar nach Kriegsende 1945 zurückwies. Jedes Mal benützte er für seine Absage an eine Emigration dasselbe Argument: Man brauche ihn in Deutschland.

Im Krieg fiel ihm als führendem deutschem Atomwissenschaftler die Leitung des deutschen „Uran-Projektes" zu, das zum Bau eines Reaktors führte, bei dem es allerdings zu keiner Kettenreaktion mehr kam.

Ein Ferienhaus am Walchensee

Das Kriegsende erlebte Heisenberg zusammen mit seiner Frau, die er 1937 geheiratet hatte, in Urfeld am Walchensee. Dort hatte er 1939 aus dem ehemaligen Besitz des Malers Lovis Corinth ein Ferienhaus erworben.

Da die nach Kriegsende in Max-Planck-Gesellschaft umbenannte Kaiser-Wilhelm-Gesellschaft mit dem von Heisenberg geleiteten Max-Planck-Institut für Physik von Berlin nach Göttingen verlegt wurde, siedelte sich Heisenberg zunächst dort an. Er verzichtete, diesmal freiwillig, 1947 sogar auf die Übernahme des Münchner Lehrstuhls für theoretische Physik an der LMU.

Erst elf Jahre später gab er einem erneuten Angebot aus München nach und zog 1958 mit seiner Familie sowie mit dem Max-Planck-Institut für Physik und Astrophysik, wie die Institution inzwischen hieß, von Göttingen nach München. Für das Institut hatte der mit Heisenberg seit längerem bekannte Sepp Ruf in Freimann neue Gebäude errichtet.

Zum 31. 12. 1970 wurde Heisenberg emeritiert, 1971 erhielt er zu seinem 70. Geburtstag von Oberbürgermeister Hans-Jochen Vogel die Goldene Ehrenmünze der Stadt München. Er habe, so Vogel, „als Physiker und Forscher auch Münchens Ansehen in aller Welt als Stadt der Wissenschaften maßgeblich mitgestaltet".

Am 2. Februar 1976 erfuhr eine ehrfurchtsvoll-ergriffene Welt von Heisenbergs Krebstod am Vortag. Am Tag der Beisetzung auf dem Münchner Waldfriedhof Alter Teil (163-W-29) wurde auf den öffentlichen Gebäuden in Bayern Halbmast geflaggt. „Werner Heisenbergs geniale Ideen haben die Physik für die Dauer entscheidend geprägt", schrieb Reimar Lüst, der Präsident der Max-Planck-Gesellschaft, deren Vizepräsident Heisenberg war, „mit ihm geht eine bedeutende Epoche zu Ende".

ADOLF BUTENANDT
Der Fürst der Wissenschaften

Als der Nobelpreisträger Adolf Butenandt am 18. Januar 1995 in München starb, waren die Nachrufe und Würdigungen in einem Maße von Achtung und Respekt geprägt, wie sie nur den ganz Großen zuteil werden. „Er nahm von uns wachen Geistes Abschied als ein Patriarch, der er Zeit seines wissenschaftlichen Wirkens war", hieß es in der Todesanzeige des Max-Planck-Instituts für Biochemie in Martinsried. „Wir trauern um einen überragenden Gelehrten, dem die Wissenschaft bahnbrechende Entdeckungen verdankt", schrieb die Max-Planck-Gesellschaft in München.

Imposante Person

Und Oberbürgermeister Christian Ude formulierte: „Mit dem Verstorbenen verliert die bayerische Landeshauptstadt eine Persönlichkeit, die sich mit ihrem bedeutenden wissenschaftlichen Lebenswerk um den Aufbau der wissenschaftlichen Forschung und Lehre nach dem Zweiten Weltkrieg und um das Ansehen Münchens hohe Verdienste erworben hat."

Butenandt sei „nach einem langen, erfüllten und glücklichen Leben" entschlafen, verlautete in der Anzeige der Familie. Vorangestellt war ein Zitat aus dem 23. Psalm: „Der Herr ist mein Hirte/ mir wird nichts mangeln."

Adolf Butenandts Leben hatte fast 92 Jahre gedauert, wovon er 38 in München verbrachte. Er war ein berühmter Zugereister, und von ihm stammt eine heute fast legendäre Liebeserklärung an München, „diese herrliche Stadt". „Es war keine Liebe auf den ersten Blick, sie ist in der Stille gekeimt, langsam und stetig gewachsen", erklärte er 1967 anläßlich der Verleihung des kulturellen Ehrenpreises der Landeshauptstadt München. „Seit Jahren ist diese Liebe nun voll erblüht, und am heutigen Tag kann ich meine Freude und mein Glück nur vergleichen mit den Gefühlen eines Liebhabers, dem plötzlich offenbar wird, daß er wiedergeliebt wird."

Butenandts Bedeutung und unangefochtene Wertschätzung resultieren daraus, daß seine Verdienste weit über sein wissenschaftliches Wirken hinausgingen. Er beeindruckte vor allem als Person, er war die geborene Führungspersönlichkeit. Er war bedeutend, packend und anschaulich als akademischer Lehrer, und zudem vermochte er erhebliche Qualitäten als Wissenschaftspolitiker und Organisator zu aktivieren, als es darum ging, die ehrwürdige Max-Planck-Gesellschaft zur Förderung der Wissenschaften in der wichtigen Aufbauphase der Bundesrepublik in den sechziger Jahren zu konsolidieren und zu mehren.

Zwölf Jahre, von 1960 bis 1972, war Butenandt als Nachfolger von Otto Hahn Präsident dieser deutschen Forschungs- und Forscher-Vereinigung, die 1910 in Berlin als Kaiser-Wilhelm-Gesellschaft gegründet und 1948 in Göttingen in Max-Planck-Gesellschaft (MPG) umbenannt worden war.

Büro im Königszimmer

Auf sein Betreiben wurde die Hauptverwaltung der Gesellschaft von Göttingen nach München verlegt. Und als es in München darum ging, Räumlichkeiten für das Präsidialbüro zu finden, verzichtete der damalige Präsident der Bayerischen Verwaltung der Staatlichen Schlösser, Gärten und Seen, Freiherr von Gumppenberg, auf die für ihn vorgesehenen Diensträume in der wiederaufgebauten Residenz und überließ sie dem Präsidenten der Max-Planck-Gesellschaft. Butenandts Büro befand sich im ehemaligen Arbeitszimmer von König Ludwig II.

Die Zahl der Institute der MPG wuchs unter Butenandt von 40 auf 52, der Etat von 81 auf 528 Millionen Mark, die Zahl der Mitarbeiter von 4.000 auf 10.000. Unter anderem entstand 1972 in Martinsried anstelle eines zu klein gewordenen Gebäudes in der Goethestraße ein Neubau, in dem gleich drei Institute zusammengefaßt wurden: das alte Institut für Biochemie, dessen Direktor Butenandt seit 1936 war, sowie das Institut für Eiweiß- und Leberforschung und das Institut für Zellchemie.

ADOLF BUTENANDT gilt als „Vater der Pille". Er war eine der herausragendsten Persönlichkeiten im akademischen Leben der Münchner Ludwig-Maximilians-Universität. Im Juli 1958 hielt er einen Festvortrag über „Das Leben als Gegenstand chemischer Forschung". Dies wäre zugleich der passende Titel für Butenandts gesamtes wissenschaftliches Lebenswerk.

„Sie haben ohne Zweifel dazu beigetragen“, erklärte Oberbürgermeister Georg Kronawitter 1985 anläßlich einer weiteren Auszeichnung, der Verleihung des Münchner Ehrenbürgerrechts, in Anspielung auf diese „beispiellose Expansion“ der MPG, „daß München als Stätte der Wissenschaften nicht bloß vom Ruf der Vergangenheit zehren muß, sondern auch auf eine lebendige Gegenwart und sicher auch auf eine blühende Zukunft zählen darf.“

Adolf Butenandt wurde am 24. März 1903 in Lehe geboren, das heute ein Teil von Bremerhaven ist, damals aber zum preußischen Hannover gehörte. Sein Großvater und Urgroßvater waren Kupferschmiede, der Vater Kaufmann. Schon als 16jähriger Oberrealschüler richtete er sich daheim ein Laboratorium ein und machte erste chemische Analysen. Mit 18 begann er in Marburg und danach in Göttingen Chemie und Biologie zu studieren. Er promovierte 1927 zum Dr. phil. beim späteren Chemie-Nobelpreisträger Adolf Windaus, an dessen Institut er anschließend blieb.

Hier nahm die lange Reihe von Butenandts bedeutenden Entdeckungen ihren Anfang, die ihn zu einem Pionier der modernen molekularen Biologie machten, zu einem „Fürst der Wissenschaften“ und einem „Patriarchen der Chemie“, wie er genannt wurde.

1929 gelang ihm als erste große wissenschaftliche Leistung die Isolierung des weiblichen Sexualhormons Oestron. Wenig später konnte er auch das männliche Hormon Androsteron und das Schwangerschaftshormon Progesteron rein darstellen und den Nachweis erbringen, daß es sich bei diesen drei Hormonen um Steroide handelt. Die Entdeckungen wurden bedeutsam für die Entwicklung der Antikonzeptiva, so daß Butenandt mit einigem Recht als „Vater der Pille“ galt. Für diese Arbeiten wurde er 1939 mit dem Nobelpreis für Chemie ausgezeichnet, doch Hitler verbot ihm, die Ehrung anzunehmen. Erst 1949, als der Geldpreis längst verfallen war, konnte Butenandt wenigstens Medaille und Urkunde in Empfang nehmen.

Liebe zur Assistentin

Später folgten weitere wichtige Entdeckungen. So brachte der Nachweis der Genwirkungskette bei der Bildung des Augenpigments von Insekten erste Einblicke in die Wirkungsweise von Erbfaktoren durch spezifische Enzyme, ein bis heute sehr aktuelles Forschungsgebiet. Mit der Isolierung des Sexuallockstoffs des Seidenspinners wurde ein neuer Weg zur gezielten Insektenbekämpfung eingeschlagen. Dazu kamen Arbeiten zu Fragen der Krebsentstehung sowie auf dem Gebiet der Genetik und der Virologie.

Bei der Arbeit über das Oestron wirkte Butenandts Assistentin Erika von Ziegner mit. „Dabei“, so sein Schüler und Biograph Peter Karlson, „entwickelten sich Bindungskräfte, wie dies in der Chemie häufig ist, und Adolf Butenandt und Erika von Ziegner verlobten sich und heirateten 1931, nachdem Butenandt zum Privatdozenten ernannt worden war“.

Butenandts weitere berufliche Stationen waren die Technische Hochschule Danzig, wo er mit 30 Jahren Ordinarius für Organische Chemie wurde und die Dekanatssekretärin ihn bei der Vorstellung zunächst für einen Studenten hielt, und ab 1936 das Kaiser-Wilhelm-Institut für Biochemie in Berlin-Dahlem, als dessen Direktor man ihn holte. Außerdem lehrte er ab 1938 als Honorarprofessor an der Berliner Universität.

Harvard abgelehnt

1935 hatte er einen Ruf an die Harvard-Universität in Cambridge/USA abgelehnt. 1944 wurde das Berliner Institut nach Tübingen verlagert und Butenandt dort 1946 Ordinarius für Physiologische Chemie.

In Tübingen verfügte Butenandt über hervorragende Arbeitsbedingungen, so daß er „mit schmerzlichem Empfinden“ zunächst ablehnte, als ihm 1952 die Münchner Medizinische Fakultät den Lehrstuhl für Physiologische Chemie antrug. Erst als ein privater Mäzen aus der Bankbranche 3,5 Millionen Mark für den Neubau eines Physiologisch-Chemischen Universitätsinstituts und eines

Max-Planck-Instituts für Biochemie an der Ecke Goethestraße/ Pettenkoferstraße zur Verfügung stellte, die vom bayerischen Staat dann auf die Gesamtbaukostensumme von acht Millionen Mark aufgestockt wurde, sagte Butenandt zu.

Im Mai 1956 nahm er seine Lehrtätigkeit als Ordentlicher Professor für Physiologische Chemie in der Medizinischen Fakultät der Ludwig-Maximilians-Universität (LMU) auf. „Butenandt", so der LMU- Rektor Professor Andreas Heldrich, „war einer der Glanzpunkte im akademischen Leben der Universität. An ihr lehrten damals so bedeutende Wissenschaftler wie der Philosoph Romano Guardini, der Historiker Franz Schnabel, der Zoologe Karl von Frisch und der Biochemiker Feodor Lynen. Auch in diesem berühmten Umfeld ragte Butenandt hervor. Am 5. Juli 1958 hielt er beim Stiftungsfest den Festvortrag über das Thema 'Das Leben als Gegenstand chemischer Forschung'. Dies wäre zugleich der passende Titel für sein gesamtes wissenschaftliches Lebenswerk."

Heldrich machte diese Ausführungen bei einer Akademischen Gedenkfeier, welche die LMU und die Max-Planck-Gesellschaft am 7. Juli 1995 für Butenandt ausrichteten - in Anwesenheit von Bundespräsident Roman Herzog.

Ludwig Bölkow

Initiator, Ingenieur, Unternehmer

Das Haus ist unauffällig. Es liegt in einem Gewerbegebiet von Ottobrunn, die Farbe ist ein verwittertes Ocker, und auch das Firmenschild am Eingang macht in Größe und Schriftgestaltung nicht viel von sich her. Hier hat einer der Großen der Technik-Geschichte des 20. Jahrhunderts seinen jetzigen 15-Mitarbeiter-Betrieb: Ludwig Bölkow, einst Chef einer Weltfirma mit bis zu 40.000 Mitarbeitern, dazu Konstrukteur von Rang und vor allem Initiator einer solchen Vielzahl von Entwicklungen, daß eine seiner ehrenden Benennungen „Allzweckingenieur" lautet.

Bedeutender Zeitzeuge

Bölkows Name ist eng verbunden mit der Verbesserung der Me-109, des meistgebauten Jagdflugzeuges der Welt, mit der Entwicklung der Me-262, des ersten in Serie gebauten Düsenflugzeuges der Welt, ferner des Airbus, von Hubschraubern, von Panzerabwehrsystemen und von Raumfahrttechnik, aber sein Ingenieurwissen und seine schöpferische Kreativität führten auch zu Entwicklungen etwa bei Faserverbundwerkstoffen, des Airbags, von Geräten für Zeiterfassung, bei Verkehrssystemen und zuletzt auf dem Gebiet von regenerativen Energien, insbesonders Windenergie- und Solaranlagen.

Dazu ist Bölkow einer der wenigen lebenden Technikpioniere, der noch die großen deutschen Flugzeugbauer Messerschmitt und Heinkel erlebte. Bei Heinkel in Warnemünde absolvierte er 1932/33 ein Praktikum, von 1934 bis 1938 studierte er an der Technischen Hochschule Berlin-Charlottenburg Maschinenbau/Flugzeugbau, und bei der Messerschmitt AG in Augsburg arbeitete er von 1939 bis 1945. Willy Messerschmitt (1898-1978) wurde später sein Partner.

1948 gründete Bölkow in Stuttgart-Degerloch ein Ingenieurbüro mit Aktivitäten auf den Gebieten Baumethoden, Baumaschinen und Automation bei der Herstellung von Tonrohren. Mit der Gründung der Bundeswehr stieg er in die Wehrtechnik ein und siedelte 1958 nach Ottobrunn in die Gebäude der ehemaligen Luftfahrt-Forschungsanstalt München um. Dort gab es Prüfstände, die für die Neuentwicklungen benötigt wurden.

Das Engagement in Wehrtechnik verstand er als „die Teilnahme an dem Versuch, unsere Gemeinschaft, unser Mitteleuropa, vor Schrecken, wie unsere Generation sie erlebt hat, zu bewahren" - vor den Schrecken eines erneuten Krieges, ausgelöst durch die damals aggressiv auftretende UdSSR. Aus der Wehrtechnik ergaben sich durch Synergieeffekte die zahlreichen Entwicklungen mit ziviler Anwendung. Bölkow selbst sprach in einer Rede anläßlich seines 80. Geburtstages von „Abfall aus der Wehrtechnik", wozu etwa das Schweben und Lenken von Magnetschwebefahrzeugen gehörte.

Die zwischen Hamburg und Berlin gebaute Magnetschwebebahn ist ebenfalls eines seiner „Kinder", aber er hatte sie sich ganz anders vorgestellt: Als eine Hochleistungsschnellbahn nicht zur Beförderung von Personen, sondern von Lkw: Um Schwerverkehr von den Straßen wegzubringen.

Der frühere DASA- und heutige Daimler-Benz-Chef Jürgen Schrempp nannte Bölkow „einen der herausragendsten und außergewöhnlichsten Männer der deutschen Luftfahrtgeschichte". Zu Bölkows 80. Geburtstag 1992 gab es eine Sonderausstellung im Deutschen Museum sowie eine Festschrift seiner Firma, die damals noch MBB hieß (Messerschmitt-Bölkow-Blohm).

Seinen 85. Geburtstag feierte Daimler-Benz mit einem Symposium „Der Zukunft verpflichtet" im Münchner Maximilianeum.

Ein Vielgepriesener

Und die MBB-Pressestelle erfand einst eine ganz neue Wortschöpfung, um Ludwig Bölkow zu charakterisieren: Technosoph. Weil er sich als Techniker philosophisches Denken leistet und etwa von „einer neuen Ethik" spricht, der wir uns bei der Nutzung und Entwicklung von Technik befleißigen müßten. In seiner Firma ist er der „Doktor Bölkow".

LUDWIG BÖLKOW leitete einst eine Weltfirma mit bis zu 40.000 Mitarbeitern; bis heute kann von verdientem Ruhestand nicht die Rede sein. Der Senior der deutschen Luft- und Raumfahrt kommt täglich in seinen 15-Mann-Betrieb im Gewerbegebiet von Ottobrunn.
Foto: Daimler-Benz Aerospace.

Von den sonstigen Ehrungen, darunter die Diesel-Medaille in Gold, schätzt er besonders den Werner- von-Siemens-Ring, „vielleicht weil jeweils nur acht oder neun Leute den haben“. „Ein bißchen Eitelkeit“ sei da als Grund der Wertschätzung wohl mit dabei.

Ein Gespräch mit Ludwig Bölkow gehört zu jenen Erlebnissen, die intellektuelles Gewicht besitzen. Ein Herr präsentiert sich, der auch im hohen Alter noch jenes Klima von Intensität verbreitet, das erklärt, warum er so viel bewegte: bei Mitarbeitern, bei Auftraggebern und im Verhältnis zu Geschäftspartnern. Bölkows Verstand arbeitet schnell und präzise, er ist schlau und klug, besitzt gesunden Menschenverstand, und das Durchsetzungsvermögen, unabdingbar für seine Erfolge, hat seinen Rückhalt in einer guten Portion Dick- und Querköpfigkeit.

Zu eigen ist Bölkow ebenso Ironie, die zwischen Altersmilde und Süffisanz pendelt und die er oft nur in einen Satz oder gar einen Halbsatz wie nebenbei packt; etwa wenn er, als einmal die Rede kurz auf Albert Einstein kommt, die rhetorische Frage stellt, „wie viel Anteil sie daran habe“. Mit „sie“ ist Einsteins erste Ehefrau Milena Maric gemeint, die ebenfalls Physik studiert hatte, mit „daran“ die Ausformulierung der 1905 publizierten Relativitätslehre.

Ein anderes Mal reißt er mit der Bemerkung, „auch Boeing hat geholfen“ (nämlich bei der Gründung der Airbus-Industrie), ein ganzes Spektrum von Luftfahrtgeschichte an: Denn später wurden Airbus und Boeing erbitterte Konkurrenten.

Von Ruhe keine Rede

Mit all diesen Eigenschaften erinnert Bölkow etwas an einen anderen berühmten Münchner, der auf dem Gebiet der Technik ebenfalls unzählige Anregungen und Anstöße gab: an Oskar von Miller. Wobei Bölkow die norddeutsche Ausprägung eines solchen Baumeisters der Technik ist: Er wurde 1912 in Schwerin/Mecklenburg geboren, sein Vater war Werkmeister in der Flugzeugfabrik Fokker.

Er kommt fast jeden Tag in sein Büro im blaß-ockerfarbenen Haus, wo auf Borden und Tischen die bedeutenden Entwicklungen stehen, an denen er beteiligt war oder die er bewundert: von der Me109 über den Hubschrauber Bo105, den Airbus bis zum Sänger-Modell eines Raumtransporters.

Das Büro ist nur ein paar hundert Meter vom Ottobrunner Stammhaus von MBB, der heutigen DASA, entfernt. Bölkow hält an der DASA noch „ein paar symbolische Aktienanteile", wie er es nennt. Wie viele Aktien genau es sind, weiß er nicht.

Das Gespräch bringt er sofort auf jenes Thema, das ihn seit Jahrzehnten umtreibt: Die Nutzung regenerativer Energien und die rechtzeitige Inangriffnahme der dafür notwendigen Techniken, nachdem das Zurneigegehen der jetzigen fossilen Energieträger Öl, Gas und Kohle absehbar und die weitergehende friedlich Nutzung der Kernenergie wegen der ungelösten Endlagerung problematisch sei.

Bölkow setzt sich mit der ihm eigenen Hartnäckigkeit für dieses Ziel ein, praktisch seitdem er 1977 mit 65 aus der Geschäftsführung von MBB ausgeschieden ist. In zahlreichen Interviews trat er in den letzten Jahren als Mahner und Warner auf, und in dem Gespräch mit mir sagte er: „Wir leben auf Kosten unserer Kinder. In 50 bis 60 Jahren sind alle Rohstoffe für Energiegewinnung aufgebraucht, und um Ersatz zu schaffen, muß man heute anfangen. Das geschieht aber noch nicht oder höchstens in Ansätzen oder in Alibiprojekten. Das ist etwas Schreckliches, daß diese Langfristigkeit der Vorsorge nicht in die Gehirne reingeht."

Die Technik der zukünftigen Energiegewinnung sei an sich schon vorhanden, nämlich die Gewinnung von Wasserstoff aus Wasser mit Hilfe von Photovoltaik, aber diese Technik würde nicht intensiv genug vorangetrieben in Richtung auf eine großtechnische Nutzung, und auch ein entsprechendes bayerisches Pilotprojekt in Neunburg vorm Walde sei denn auch zu klein. Wasserstoff ist - im Gegensatz zu Strom - ein speicherbarer Energieträger.

Bölkow hat in einem Alter, in dem andere sich zur Ruhe setzen und ihre Rente verzehren, etwas Neues angefangen. Das Neue ist seine 1983 gegründete „Ludwig Bölkow Stiftung“, die ihre Aufgabe über die gemeinnützige Tochter „Ludwig Bölkow Systemtechnik GmbH“ erfüllt. Die Stiftung finanziert sich aus Eigenmitteln, um damit die Unabhängigkeit ihrer Arbeit sicherzustellen. Sie will „Anstöße zu neuen Lösungen in den Bereichen Energie, Verkehr und Umwelt geben“.

Und wenn Bölkow dabei von Umweltschutz spricht, vom „Sterben der Wälder“ und von der Notwendigkeit, daß ein Liter Benzin fünf Mark kosten müßte, wenn man alle Umweltbelastungen von der Gewinnung über den Transport und die Raffinierung einbezieht, dann vertritt er „grüne“ Positionen, ohne jedoch ein Grüner zu sein. Von den Grünen trennt ihn eine wesentliche Einstellung: Er bejaht Technik, er steht ihr positiv gegenüber. Insbesondere Spitzentechnik sieht er „für unser an natürlichen Reichtümern armes Land als eine sehr wichtige Voraussetzung zur Erhaltung unseres gegenwärtigen Lebensstandards“ an. Und er sagt sehr deutlich: „Ein schlagartiges Verschwinden von Technik würde möglicherweise für die Menschheit eine dem atomaren Holocaust vergleichbare Katastrophe auslösen.“

Aber gerade weil er Techniker ist, warnt er zugleich vor einer „blinden Fortschrittsgläubigkeit“. „Wir können und wir dürfen nicht darauf vertrauen“, heißt es in einer Broschüre über seine Stiftung, „daß die nächste und übernächste Technikgeneration die Probleme lösen wird, die wir heute aufreißen.“

Der solche Sätze schreibt, ist überhaupt in keine weltanschauliche Schublade einzuordnen: Bölkow ist ganz einfach Pragmatiker und als solcher Vordenker im Sinne des Wortes: Vorausdenker. Dabei spricht er unbequeme Wahrheiten aus: „Die Sicherung der Lebensgrundlage unserer Enkelkinder verlangt Verzicht und Mehrarbeit von uns Lebenden.“

Günter Rochelt

Der mit der Sonne fliegt

Der Traum vom Fliegen - er ist auch im Zeitalter der immer perfekter werdenden Düsenflugzeuge noch nicht zu Ende geträumt. Während in modernen Jets längst Computer das Steuer in die Hand genommen haben, gibt es eine entgegengesetzte Entwicklung: Individuelles Fliegen mit innovativen Entwicklungen. Demonstriert wird dabei, daß Flugzeugbau längst nicht ausgereizt ist, daß er sogar Anstöße geben kann für ganz andere Technikgebiete. Ein aktueller Münchner Pionier auf diesem Gebiet ist Günter Rochelt.

Sein Traum heißt: Das Potential der Sonne nutzen. Ihm gelang am 17. Dezember 1980 mit seiner Solair I der weltweit erste Aufstieg mit einem manntragenden Solarflugzeug. Der Flugapparat ist heute im Münchner Deutschen Museum zu sehen. Die Fachzeitschrift „aerokurier" schrieb, Rochelt habe sich „weltweit einen herausragenden Ruf als ideenreicher Designer von neuartigem Fluggerät“ erworben.

Dabei ist Fliegen für Rochelt nicht Selbstzweck, sondern Mittel für sein eigentliches Faible, die Steigerung des Wirkungsgrades, insbesondere bei allem, was mit Sonnenenergie zusammenhängt: „Der Wirkungsgrad beschäftigt mich, seit ich gehen kann. Das heißt zum Beispiel auch, wie man mit weniger Arbeit, dafür aber mehr Nachdenken genau so viel Geld verdienen kann wie andere, die nicht ihren Kopf benutzen.“

Wesentlich für seine Erfolge ist neben der technischen Kompetenz auch eine Begeisterungsfähigkeit, die seine Mitarbeiter ansteckt und mitreißt. Wenn er von seinen Projekten spricht, dann leuchten seine Augen besonders blau in dem braunen Gesicht. Es sind die Augen eines Träumers, der Realist genug ist, um seine Utopien zu verwirklichen: Ein Phantast, Handwerker und Techniker, der zudem etwas vom Künstler und wohl auch Lebenskünstler an sich hat.

Dabei ist er eigentlich kein Spezialist für Flugtechnik, aber sein besonderes Talent besteht darin, auch gegensätzliche Ansichten von verschiedenen zu Rate gezogenen Experten, etwa solchen für Aerodynamik, für Festigkeit und für Flugtechnik, unter einen Hut zu bringen und die richtigen Konsequenzen zu ziehen. Rochelt: „Ich habe meine Entscheidungen immer aus dem Bauch herausgemacht."

Die Begeisterung fürs Fliegen kam bei Rochelt schon als Kind. 1939 in Böhmisch Kamnitz als Sohn eines Gürtlers geboren und 1947 mit seinen Eltern nach Memmingen gekommen, durchforstete er dort die Läden nach Bauplänen für Modellflugzeuge und beteiligte sich als Schüler mit ersten Eigenkonstruktionen an Modellflugzeug-Wettbewerben. Von Anfang an reizte ihn dabei nicht das Erprobte, sondern das Neue, Unbekannte: Neue Materialien, neue aerodynamische Formen, neue Antriebstechniken und vor allem das Problem, mit weniger Energie dieselbe oder mehr Wirkung zu erzielen.

Geborener Tüftler

Außerdem betätigte er sich - nach zwei Semestern Maschinenbaustudium an der Technischen Hochschule München und zwei Jahren Industriedesign-Studium an der Ulmer Hochschule für Gestaltung - als Tüftler im klassischen Sinn des Wortes. Er entwarf einen Kleiderbügel mit neuartigem Design, ferner einen Bilderrahmen, bei dem die Glasscheibe leichter als bei bisherigen Rahmen herausgelöst und wieder eingesetzt werden konnte, und er konstruierte ein Bauteil, das den Energiebedarf von Elektrorasierern um zwei Drittel reduzierte und damit die Voraussetzungen für einen schnurlosen Rasierer schuf. Die Erfindung verkaufte er an einen japanischen Konzern.

Inzwischen nach München-Solln übergesiedelt, begann seine eigentliche Karriere, als seine Kinder, ebenso wie er selbst früher, Modellflugzeuge zu bauen anfingen. Dabei entwickelte sich nach und nach das Projekt Solarflugzeug. Rochelt: „Die erste Idee war, die Batterien von Fernsteueranlagen für Modellflugzeuge über Solarzellen aufzuladen, um den ständigen Ärger mit leeren

Ein Pionier für alternatives Fliegen im Zeitalter der Jets ist GÜNTER ROCHELT. Anders als der sagenumwobene Ikarus will er bei seinen Höhenflügen nicht an der Sonne scheitern, sondern vielmehr das Zentralgestirn als Antriebsquelle nutzen - mit erstaunlichen Erfolgen.

Batterien zu vermeiden. Das hat funktioniert. Damit lag die Frage nahe: Warum nicht das ganze Flugzeug mit Solarenergie antreiben?"

Ein erster Versuch mit einem Modell von vier Metern Spannweite klappte am 21. Juni 1979, und am 17. Dezember 1980 stieg Rochelt - als Pilot hat er den Segelfliegerschein - mit der Solair I auf. 2.500 Solarzellen auf den Tragflächen lieferten die Energie für einen Elektromotor, der ganze fünf PS leistete. Rochelt: „Das ist die Energie, die größere Sportflugzeuge allein für den Anlasser benötigen."

Die Solair I absolvierte über 100 Flüge mit insgesamt über 100 Stunden, und am 21. August 1983 stellte Rochelt damit in Unterwössen einen Dauerweltrekord für Solarflugzeuge auf: Fünf Stunden und 41 Minuten Flugzeit.

Sein nächstes Projekt war 1984 ein 28 Kilogramm leichter „Vogel" aus Kohlefaserstoffen, die fünfmal leichter und, bezogen auf das gleiche Gewicht, 20mal fester als Stahl sind: die Musculair I. Ein Flugzeug, dessen Propeller über eine Tretkurbel und ein Kettensystem, ähnlich wie bei einem Fahrrad, nur per Menschenkraft angetrieben wurde.

Pilot war Rochelts damals 17jähriger, 53 Kilogramm leichter Sohn Holger. Auch die Musculair I sorgte mit mehreren Weltrekorden für Schlagzeilen, und sie hängt heute ebenfalls im Deutschen Museum, ebenso wie die Weiterentwickung von 1985, die Musculair II, mit über 50 Stundenkilometern, so Rochelt, „bis heute das schnellste Muskelkraftflugzeug der Welt".

Zäsur mit „Flair"

Aufgrund dieser Arbeiten erhielt Rochelt eine Professur für Industriedesign in Hamburg sowie 1986 den Philip-Morris-Forschungspreis „Herausforderung Zukunft".

Und Rochelt arbeitete weiter an der Optimierung von „umweltgerechten Alternativen zur dröhnenden Privat- und Sportfliegerei". Sein nächstes Projekt war ein Nurflügler namens „Flair", der die Vorteile eines Gleiters mit den Leistungen eines Segelflugzeuges verband und ganze 40 Kilogramm wog. (Als Gleiter gelten im

Prinzip Flugapparate, die sich nicht über ihren Startpunkt hinaus erheben können).

Die Erfahrungen bei Entwicklung, Bau und Flugtests mit der „Flair“ ließ Rochelt dann in ein Hochleistungs-Segelflugzeug einfließen, das neue Maßstäbe setzte. Rochelt: „Es sollte so klein, so leicht, so billig und so schön wie möglich werden.“ Er nannte es Minair: ein Flugzeug, wie es sich Ikarus gewünscht hatte: 5,42 Meter kurz, 70 Kilogramm leicht, mit zwölf oder 15 Metern Spannweite und deutlich weniger als andere Segelflugzeuge kostend.

Von der Minair gab es auch eine Motorsegler-Version mit Solarantrieb per Elektromotor und Akku. Und die ganz aktuelle Weiterentwickung namens Solair II ist, so Rochelt, „der geilste Vogel, den ich je gebaut habe.“ Ein ultraleichter Motorsegler mit zwei Elektromotoren und zwei Heckpropellern, der ausschließlich mit Sonnenkraft nicht nur fliegen, sondern auch starten kann. Fast die gesamte Fläche der Flügel wird mit Solarzellen bedeckt sein, insgesamt 13,5 Quadratmeter.

1997 war die Solair II fertig, laut Rochelt „eine irrsinnige Herausforderung für Wirkungsgrade bei sehr geringem Gewicht und höchster Festigkeit“. Trotz der vielen Solarmodule, der Elektromotoren und eines schweren Akkus wiegt die Solair II nur 130 Kilogramm und kann bis zu 120 kg Nutzlast tragen.

Bei voller Sonneneinstrahlung erzeugen die Solarmodule 1163 Watt Leistung, zusammen mit dem Akku acht kW. Damit kann die Solair II bis zu zwei Meter in der Sekunde steigen. Rochelt nahm mit seinen Solar-Fliegern schon mehrmals am „Berblinger-Wettbewerb“ der Stadt Ulm teil.

Der Berblinger-Wettbewerb erinnert an den „Schneider von Ulm“ und dessen historischen Gleiterflug vom 31. Mai 1811 und zeichnet jeweils innovative Lösungen auf dem Gebiet der Allgemeinen Luftfahrt aus. Rochelt erhielt 1990 den Berblinger-Preis für seinen Gleiter „Flair”.

Alle Fliegeraktivitäten des Günter Rochelt sollen freilich „kein Egotrip" sein, sondern Aufmerksamkeit erregen für sein großes Anliegen: Die bessere und weitergehendere Nutzung der Sonnenenergie für möglichst viele Anwendungen. Für dieses Ziel betreibt Rochelt bereits seit mehreren Jahren auf Menorca ein Solarforschungszentrum, um herauszufinden: Was ist mit Sonnenenergie machbar?

Die Erfahrungen seien durchaus auf deutsche klimatische Verhältnisse übertragbar. Rochelt: „Auf Menorca gibt es 2.100 Sonnenstunden pro Jahr, in Freiburg 1.800, in München 1.700 und in Hamburg immer noch 1.400. Eine Solaranlage in Hamburg müßte also nur um ein Drittel größer dimensioniert sein als auf Menorca, um dieselbe Leistung zu erbringen. Das Argument, in unseren Breiten lohne es sich nicht, über Sonnenenergie nachzudenken, ist das Ergebnis falsch und dilettantisch konzipierter Anlagen. Es sind dies die Auswirkungen der seit Jahrzehnten bewußt irreführenden Prognosen der heutigen Energieanbieter."

Vater Zoche und Sohn

Das kreative Gespann fliegt auf Diesel

Etwas technisch so Simples wie eine Klingel gibt es an der Haustür nicht, Besucher müssen sich mit dem Klappern des Briefkastenschlitzes bemerkbar machen, doch hinter der Tür des Einfamilienhauses in München-Schwabing findet sich High-Tech pur: im Flur ein mächtiger Junkers-Diesel-Flugmotor von 1928, damals die fortschrittlichste Technik, und im geräumigen Wohnzimmer eine ebenfalls nach dem Diesel-Prinzip arbeitende aktuelle Maschine - Innovation von heute. Es ist ein „Aero-Diesel" genanntes Triebwerk, das erheblich leichter ist als vergleichbare Kolbenmaschinen und deshalb (zunächst) in Flugzeugen Verwendung finden soll. Entwickelt und gebaut haben den „Aero-Diesel" Michael und Georg Zoche, Vater und Sohn. Sie sind zwei aktuelle Erfinder, die ein Denken in neuen Bahnen praktizieren.

Michael Zoche ist ein verschmitzt lächelnder Mitfünfziger (geboren 1941 in Lötzen/Ostpreußen), der sich über die Schwerfälligkeit von Forschung und Entwicklung in der Großindustrie wundert, wo viel über den Dieselmotor geredet, aber seiner Meinung nach nur langsam entwickelt werde und der fröhlich angibt, er sei eigentlich gelernter Soziologe und in der Technik Autodidakt: „Aber wenn man sich für etwas interessiert, kann man in relativ kurzer Zeit sehr viel lernen."

Sohn Georg (Jahrgang 1968) ist der Typ des jungen Kreativen, der logisches Denken und anschauliches Artikulieren mit einem Schuß Künstlertum verbindet - ein Technik-Künstler, der am Computer firm und fit ist: Er ist Leiter des Konstruktionsbüros im väterlichen Betrieb und nutzt dabei eines der aufwendigsten Programme für computerunterstütztes Entwerfen (CAD), das auf dem Markt zu haben ist.

Der PC als „dritter Mann"

Georg Zoche hat drei Semester Philosophie an der Hochschule der Jesuiten in München sowie drei Semester Maschinenbau an der Technischen Universität München (TUM) studiert. Aufgehört an der TUM hat er unter anderem, nachdem er, so Georg Zoche, bei einer Zwischenprüfung Probleme bekam, weil er eine Zeichnung nicht wie gefordert per Hand sondern am Computer gefertigt hatte. Sein Arbeitsplatz ist im Untergeschoß des elterlichen Hauses. Der anvisierte Höhenflug der Zoches nahm im Keller seinen Anfang. Dort finden sich vier hochwertige, miteinander vernetzte Computer, an denen Georg Zoche sowie drei angestellte Mitarbeiter Hunderte von dreidimensionalen Darstellungen und Veränderungen der verschiedenen Komponenten sowie Berechnungen von deren Festigkeit vorgenommen haben. Vater Michael Zoche erzählt, daß sein Sohn „schon auch mal sonntags um vier Uhr morgens am System saß, weil ihm gerade etwas Neues eingefallen war".

Michael Zoche war - seines Soziologiestudiums zum Trotz - schon immer an Technik interessiert, ergriff als Brotberuf eine Tätigkeit mit Alltagstechnik - er betreibt in München mehrere Waschsalons - und hatte die Idee für einen neuen, leichten Flugmotor im Jahr 1983: Er las, daß es seit dem Ende des Zweiten Weltkrieges auf dem Gebiet von Flugkolbenmotoren kaum Weiterentwicklungen mehr gab, weil sich alle Forschungsarbeit damals auf die neuen Turbinentriebwerke konzentrierte.

Gewichtsprobleme

Kleine Propellermaschinen flogen somit hinter der Technik hinterher, ihre Motoren waren (und sind) zu schwer und haben eine (zu) große Stirnfläche und damit eine ungünstige Aerodynamik. Michael Zoche: „Der Antrieb von Luftfahrzeugen bestimmt jedoch zu einem wesentlichen Anteil deren Gesamtfiguration: denn ein Flugzeug benötigt ein Vielfaches an Leistung, die etwa für Kraftfahrzeuge notwendig ist. Sowohl bei Jets als auch bei Kolbenmotorflugzeugen wiegen Motor und Treibstoff doppelt soviel wie die Nutzlast."

Eine andere Rechnung, die er aufmacht, lautet: Bei einem einmotorigen Geschäftsflugzeug mit vier Sitzen und einem Startgewicht von 1244 Kilogramm sind nur 18 Prozent Nutzlast mög-

MICHAEL ZOCHE arbeitet seit 1983 gemeinsam mit seinem Sohn an der „Entschlackung" des guten, alten, aber schweren Dieselmotors und tüftelt am Aerodiesel.

lich (Passagiere und Zuladung). 40 Prozent entfallen auf das Antriebssystem (Motor und Treibstoff), 42 Prozent auf die Struktur des Flugzeuges selbst, die wiederum vor allem wegen des schweren Motors so aufwendig sein muß.

Die Lösung lag also in einem deutlich leichteren Motor - ein Traum, der einst schon Rudolf Diesel selbst vorwärts trieb, nur daß das Gegenteil eintrat: die ersten in der Praxis verwendbaren Diesel waren schwere Schiffsmotoren. Nun endlich, über 100 Jahre nach dem Laufen des ersten Dieselmotors, ging Rudolf Diesels Traum eines leichten Motors auch durch die Arbeit und das Engagement der Zoches in Erfüllung.

Doch Dieseltriebwerke sind auch heute noch relativ schwer. Warum trotzdem die Entscheidung als Flugmotor? Michael Zoche: „Diesel-Motoren sind die Wärmekraftmaschinen mit dem höchsten Wirkungsgrad, und sie werden das in der überschaubaren Zukunft bleiben. Daraus folgt eine vergleichsweise minimale Umweltbelastung durch Kohlendioxyd (CO_2).“ Auch in der Autoindustrie sieht man den Weg zum eingeforderten und viel diskutierten Drei-Liter-Auto nur über den Diesel führen.

Die angestrebte Kompaktheit und damit eine günstigere Aerodynamik leitete beim „Aero-Diesel“ zum alten Prinzip des Sternmotors: Die Zylinder sind sternförmig angeordnet. Charles Lindbergh hatte in seiner „Spirit of St. Louis“ einen „Stern“, und die legendäre, um 1930 entwickelte JU 52 besaß deren drei. Doch dies waren Benzin-Viertakter, und durch die hochbauende Ventilanordnung wiesen diese frühen „Sterne“ eine so große Stirnfläche auf, daß die Piloten manchmal kaum über den Motor vor ihnen hinwegblicken konnten.

Zurück zum Zweitakter

Somit ergab sich für eine weitere Verringerung von Größe und Gewicht die ebenfalls lange bekannte Technik des Zweitakters: Er ist einfach aufgebaut und kommt mit weniger Teilen aus als ein Viertakter. Durch konstruktive Änderungen sind außerdem die Zeiten vorbei, in denen ein Zweitakter wie beim Trabbi eine blaue Ölfahne hinter sich herzieht. Vielmehr ist die Abgasqualität des

Zweitakt-Diesels laut Michael Zoche nicht schlechter als die eines normalen Diesels.

Weitere Gewichtsersparnis ergab sich durch die Verwendung von viel Aluminium und durch den Computer: Dadurch konnte Georg Zoche exakt berechnen, wie groß oder wie klein die verschiedenen Komponenten wie Kurbelgehäuse, Kurbelwelle usw. sein mußten, um gegensätzliche Anforderungen zu erfüllen: einerseits Standfestigkeit, andererseits geringes Gewicht und Kompaktheit. Georg Zoche: „Wenn früher bei einem Motor ein Bauteil stärker werden mußte, wurde es einfach vergrößert und dadurch aber auch schwerer. Das kam für uns nicht in Frage.“

Außerdem ließen sich die Zoches mehrere neuartige Details einfallen. Michael Zoche: „Anfangs dachten wir, wir könnten viele Teile fertig einkaufen, aber die meisten Teile erwiesen sich für unsere Zwecke als nicht geeignet, und so mußten wir zahlreiche Einzelentwicklungen machen, etwa eine neue Einspritzdüse, die Lagerung der Pleuel sowie Schrauben, die mit teuflischer Sicherheit fehlerfrei sind.“ Der „Aero-Diesel“ arbeitet mit Direkteinspritzung.

Drei Versionen des Motors wurden konzipiert und werden in einer Versuchswerkstatt der Zoches bei München zusammengebaut: ein Zweizylinder mit 1,3 l Hubraum, 70 PS und 55 Kilogramm Gewicht, ein Vierzylinder mit 2,6 l/150 PS und ein Achtzylinder mit 5,2 l/300 PS, alle mit Turbolader. Mit 84 Kilogramm bringt der Vierzylinder weniger als die Hälfte eines vergleichbaren Viertaktdiesels auf die Waage. Der Achtzylinder wiegt 118 Kilogramm, ein in der Leistung vergleichbarer Sechszylinder-Lkw-Diesel etwa 500 Kilogramm.

Finanziert haben die Zoches die jahrelangen Versuche größtenteils mit Eigenmitteln. Dazu gab es 1986 bis 1990 Förderungen vom Bayerischen sowie 1993 bis 1995 vom Bundeswirtschaftsministerium.

Ruhm und Geld

Sowohl hohe Anerkennung als auch Geld gab es 1992: Die Zoches erhielten den renommierten Philip-Morris-Forschungspreis „Herausforderung Zukunft“, mit insgesamt 120.000 Mark einer der höchstdotierten Forschungspreise in Deutschland. (Auf die Zoches entfielen 30.000 Mark). Der Jury des Preisgerichts saß bis zu seiner Pensionierung Erich Häußer vor, der Präsident des Deutschen Patentamtes in München.

Es spricht sich herum

Außerdem haben die Zoches den „Aero-Diesel“ in den letzten Jahren auf zahlreichen Flugzeugmessen, vor allem in den USA, gezeigt, so daß es laut Zoche inzwischen bei ihnen 50 Interessenten gibt, die um den neuen Motor herum neue Flugzeuge konstruieren wollen, die leichter sind und mehr Nutzlast bei weniger Treibstoffverbrauch befördern können. Michael Zoche: „Fliegen wird billiger und sicherer. Es lassen sich schnellere Flugzeuge mit erhöhter Reichweite bauen. Auch für den Einsatz in Hubschraubern ist unser Motor interessant.“

Eines der Projekte, das mit dem neuen Motor ,so Zoche, in Vorbereitung ist, soll „Bumerang“ heißen: Ein sechssitziges Flugzeug mit zwei 300- PS-Zoche-Motoren, einer Reisegeschwindigkeit von 600 Stundenkilometern und einer Reichweite Europa-New York. Ein solches Flugzeug könnte den Geschäftsreiseverkehr revolutionieren.

Denn da es auf kleinen Flugplätzen - praktisch vor der Haustür - starten und landen kann, wäre die Gesamtreisezeit kürzer als mit einem großen Passagierjet, bei dem immer noch die An- und Abfahrt zum und vom Flughafen mitzurechnen ist.

Der Autor

Axel Winterstein, Jahrgang 1936, stammt aus Schlesien und lebt seit 1956 in München. Er studierte in Köln und München Germanistik und Neuere Geschichte. Seit 1962 ist er Journalist und Buchautor, seit 1979 arbeitet er freiberuflich. Seine bisherigen Buchprojekte waren Kriminalromane, Darstellungen aus dem Bereich Arbeitsmarkt, „Die schönsten Schlösser und Burgen in Bayern", „100 Jahre Elektrizitätswerke München" und ein Jugendbuch über „Fliegerei".